AF343477

MOMUS
EN DÉLIRE,

ALMANACH CHANTANT.

MOMUS EN DÉLIRE,

OU

LES CHANSONS LES PLUS GAIES

TANT DES CHANSONNIERS QUE DES AUTRES POÉTES FRANÇAIS, DEPUIS VILLON JUS-QU'A NOS JOURS :

Notamment de Villon *lui-même*, de Clément Marot, Henri IV, *Roi de France*, Malherbe, Racan, Lafontaine, Chaulieu, Lafarre, J. B. Rousseau, Philippe d'Orléans ; *Régent de France*, Régnard ; du Président Hénaut, de Crébillon père, Fontenelle, Voltaire, Gentil-Bernard, Piron, Collé, Pannard, Favart, Colardeau ; Beaumarchais, Laujou, Philippon la Madeleine, Parny, Ségur, Piis, Barré, Radet, Desfontaines, Chazet, Ourry, Étienne Despréaux, Armand Gouffé, Joseph Pain, Desaugiers, et autres ;

Avec notices biographiques relatives aux anciens Poétes ;

ALMANACH CHANTANT.

Mollia mollibus suavia suavibus miscentur.

DE L'IMPRIMERIE DE FROULLÉ, RUE ZACHARIE, Nº 9.

A PARIS,

CHEZ BÉCHET, LIBRAIRE, QUAI DES AUGUSTINS, Nº 63.

1810.

JANVIER (1810), vient de *Janus*, fausse divinité à qui les Romains donnoient deux visages , ou de *Janua* , Porte. Charles IX ordonna que l'année commenceroit par ce mois.

Les jours croissent d'une heure 29 minutes.

Dates.		Noms des Saints.	Jours de ☉	Phases de la ☽
lundi	1	*Circoncision.*	16	
mardi	2	s. Basile.	27	
mercredi	3	*ste Geneviév.*	28	
jeudi	4	s. Rigobert.	29	
vendredi	5	s. Siméon st.	30	☉
samedi	6	*L'Epiphanie*	1	le 5 à 3 h.
1 *dim.*	7	s. Théau.	2	46 minut.
lundi	8	s. Lucien.	3	du soir.
mardi	9	s. Josse.	4	
mercredi	10	s. Paul , her.	5	
jeudi	11	s. Théodose.	6	
vendredi	12	s. Félix , pr.	7	☾
samedi	13	Bapt. N. S.	8	le 12 , à 42
2 *dim.*	14	s. Hilaire.	9	minut. du
lundi	15	s. Maur. *ab.*	10	soir.
mardi	16	s. Guillaume	11	
mercredi	17	s. Antoine.	12	
jeudi	18	Ch. s. Pierre	13	
vendredi	19	s. Sulpice.	14	
samedi	20	s. Sébastien.	15	●
3 *dim.*	21	ste Agnès.	16	le 20 , à 5
lundi	22	s. Vincent.	17	heures 25
mardi	23	s. Edesonse.	18	minut. du
mercredi	24	s. Babylas.	19	soir.
jeudi	25	C. s. Paul.	20	
vendredi	26	ste Paule.	21	
samedi	27	s. Julien.	22	☽
4 *dim.*	28	s. Charlem.	23	le 28 , à 11
lundi	29	s. Fr. de Sal.	24	heures 19
mardi	30	ste Batilde.	25	minut. du
mercredi	31	s. Pierre N.	26	matin.

FÉVRIER tire son nom de *Februare*, faire des expiations ; c'était au commencement de ce mois, que les Romains offroient des sacrifices pour les morts.

Les jours croissent d'une heure 44 minutes.

Dates.		Noms des Saints.	Jours de ☉	Phases de la ☽
jeudi	1	s. Ignace,	27	
vendredi	2	*Purification.*	28	
samedi	3	s. Blaise.	29	
5 *dim.*	4	s. Philéas.	30	☉
lundi	5	ste Agathe.	1	le 4 à 3 h.
mardi	6	s. Vaast.	2	56 minut.
mercredi	7	s. Romuald.	3	du matin.
jeudi	8	s. Jean de M.	4	
vendredi	9	ste Appoline.	5	
samedi	10	ste Scholasti.	6	
6 *dim.*	11	s. Severin.	7	☾
lundi	12	s. Casimir.	8	le 11, à 7
mardi	13	s. Lezin.	9	heures 15
mercredi	14	s. Valentin.	10	minut. du
jeudi	15	s. Faustin.	11	matin.
vendredi	16	ste Julienne.	12	
samedi	17	s. Sylvain.	13	
7 *dim.*	18	*Septuagésim*	14	
lundi	19	s. Siméon.	15	
mardi	20	s. Eucher.	16	●
mercredi	21	s. Taraise.	17	le 19, à 10
jeudi	22	Ch. s. Pierre.	18	heures 9
vendredi	23	s. Mérault.	19	minut. du
samedi	24	s. Mathias.	20	soir.
8 *dim.*	25	*Sexagésime.*	21	
lundi	26	s. Alexandre.	22	
mardi	17	ste Honorine	23	
mercredi	28	s. Firmin.	24	☽
				le 26, à 8
				h. 46 m. s.

MARS, ainsi nommé et consacré au dieu *Mars*, par Romulus, qui, par supposition, se disoit son fils. Ce mois étoit le premier de l'année romaine.

Les jours croissent d'une heure 42 minutes.

Dates.		Noms des Saints.	Jours de ☉	Phases de la ☽
jeudi	1	s. Aubin.	25	
vendredi	2	s. Basile.	26	
samedi	3	ste Cuneg.	27	le 5, à 1
dim.	4	*Quinquagés.*	28	heure 33
lundi	5	s. Dranfm.	29	minut. du
mardi	6	ste Colette.	1	soir.
mercredi	7	*Cendres.*	2	
jeudi	8	s. Jean de D.	3	
vendredi	9	ste Françoise	4	
samedi	10	ste Doctrov.	5	
1 *dim.*	11	*Quadragés.*	6	
lundi	12	40 Martyrs.	7	
mardi	13	ste Euphros.	8	
mercredi	14	*Quat.-Tems*	9	le 13, à 2
jeudi	15	s. Zacharie.	10	heures 57
vendredi	16	s. Cyriaque.	11	minut. du
samedi	17	ste Gertrude.	12	matin.
2 *dim.*	18	*Reminiscere*	13	
lundi	19	s. Joseph.	14	
mardi	20	s. Joachim.	15	PRINTEMS.
mercredi	21	s. Benoît.	16	
jeudi	22	s. Paul, év.	17	le 21, à 2
vendredi	23	s. Othon.	18	heures 41
samedi	24	s. Gabriel.	19	minut. du
3 *dim.*	25	*Oc. Annon.*	20	matin.
lundi	26	s. Ludger.	21	
mardi	27	s. Rupert.	22	
mercredi	28	s. Gontrand.	23	
jeudi	29	s. Heustase.	24	le 28, à 5
vendredi	30	s. Rieul.	25	heures 8
samedi	31	ste. Balbine.	26	m. du m.

AVRIL, vient d'*Aperire*, qui veut dire *Ouvrir*, parce qu'en ce mois la terre semble s'ouvrir pour produire tous ses biens : il étoit le second mois de l'année romaine.

Les jours croissent d'une heure 28 minutes.

Dates.		Noms des Saints.	Jours de ☉	Phases de la ☽
4 *dim.*	1	*Lætare.*	27	
lundi	2	s. Fran. de P.	28	
mardi	3	s. Richard.	29	
mercredi	4	s. Ambroise.	1	☉
jeudi	5	s. Vinc. Fer.	2	le 4, à 1
vendredi	6	s. Célestin.	3	heure 47
samedi	7	s. Hégésipe.	4	minut. du
5 *dim.*	8	*La Passion.*	5	matin.
lundi	9	ste Marie.	6	
mardi	10	s. Macaire.	7	
mercredi	11	s. Léon, pap	8	☾
jeudi	12	s. Florent.	9	le 11, à
vendredi	13	s. Marcellin.	10	10 heures
samedi	14	s. Tiburce.	11	4 minutes
6 *dim.*	15	*Rameaux.*	12	du soir.
lundi	16	N. D. de Pit.	13	
mardi	17	s. Anicet.	14	
mercredi	18	s. Parfait.	15	●
jeudi	19	s. Elphése.	16	le 19, à 3
vendredi	20	*Vendred-St.*	17	heures 18
samedi	21	s. Anselme.	18	minut. du
dimanche	22	*PAQUES.*	19	soir.
lundi	23	s. Georges.	20	
mardi	24	s. Léger.	21	
mercredi	25	s. Marc, *abst*	22	
jeudi	26	s. Clet, pap.	23	☽
vendredi	27	s. Polycarpe.	24	le 26 à 9
samedi	28	s. Vital, m.	25	heures 57
1 *dim.*	29	*Quasimodo.*	26	minut. du
lundi	30	s. Eutrope.	27	matin.

MAI, vient de *Majoribus* ou *Senibus*; il étoit
dédié aux plus anciens citoyens Romains,
qu'on nommoit *Majores*. Ce mois étoit le
troisième de l'année romaine.

Les jours croissent de 39 minutes.

Dates		Noms des Saints.	Jours de ☉	Phases de la ☽
mardi	1	s. Jacq. s. Ph.	28	
mercredi	2	s. Athanase.	29	
jeudi	3	Inv. Ste Cr.	3o	
vendredi	4	ste Monique.	1	☉
samedi	5	C. s. August.	2	le 3, à 2
2 *dim.*	6	s. Jean P. L.	3	heures 55
lundi	7	s. Stanislas.	4	minut. du
mardi	8	Ap. de s. M.	5	soir.
mercredi	9	Tr. de s. Nic.	6	
jeudi	10	s. Grégoire.	7	
vendredi	11	s. Mamert.	8	☾
samedi	12	s. Nérée.	9	le 11, à 4
3 *dim.*	13	s. Servais.	10	heures 51
lundi	14	s. Pacôme.	11	minut. du
mardi	15	s. Isidore.	12	soir.
mercredi	16	s. Honoré.	13	
jeudi	17	s. Paschal.	14	
vendredi	18	s. Eric, roi.	15	
samedi	19	s. Yves.	16	●
4 *dim.*	20	s. Bernard.	17	le 19, à
lundi	21	ste Julie.	18	59 minut.
mardi	22	ste Ansone.	19	du matin.
mercredi	23	s. Didier.	20	
jeudi	24	ste Jeanne.	21	
vendredi	25	s. Urbain.	22	
samedi	26	s. Ph. de N.	23	☽
5 *dim.*	27	s. Hildevert.	24	le 25, à 3
lundi	28	*Rogations.*	25	heures 34
mardi	29	s. Maximin.	26	minut. du
mercredi	3o	s. Hubert.	27	soir.
jeudi	31	Ascension.	28	

JUIN, vient de *Juvenibus*, parce qu'il étoit dédié à la jeunesse romaine. Ovide prétend que Junon l'a nommé *Juin* : c'étoit le quatrième mois de l'année romaine.

Les jours diminuent de 33 minutes.

Dates.		Noms des Saints.	Jours de ☉	Phases de la ☽
vendredi	1	s. Pamphile.	29	
samedi	2	s. Pothin.	30	
6 *dim.*	3	ste Clotilde.	1	🌑
lundi	4	s. Optat.	2	le 3, à 4
mardi	5	s. Boniface.	3	heures 4
mercredi	6	s. Claude.	4	minut. du
jeudi	7	s. Mériades.	5	matin.
vendredi	8	s. Médard.	6	
samedi	9	s. Vinc. *v. j.*	7	
dimanche	10	*PENTEC.*	8	☾
lundi	11	s. Barnabé.	9	le 10, à 8
mardi	12	s. Basilide.	10	heures 31
mercredi	13	s. A. P. Q. T.	11	minut. du
jeudi	14	s. Basile.	12	matin.
vendredi	15	s. Guy, m.	13	
samedi	16	s. Féréol.	14	
1 *dim.*	17	*La Trinité.*	15	●
lundi	18	ste Marine.	16	le 17, à 8
mardi	19	s. Gerv. s. P.	17	heures 28
mercredi	20	s. Sylvère.	18	minut. du
jeudi	21	*Fête-Dieu.*	19	matin.
vendredi	22	s. Paulin.	20	
samedi	23	s. Avit. *v. j.*	21	☽
2 *dim.*	24	*N. de s. J. B.*	22	le 23, à
lundi	25	s. Andri.	23	10 heures
mardi	26	s. Babolein.	24	56 minut.
mercredi	27	s. Crescent.	25	du soir.
jeudi	28	*Oct. Fête-D.*	26	
vendredi	29	s. P. s. Paul.	27	
samedi	30	Comm. s. P.	28	

JUILLET, ainsi nommé par Marc-Antoine, à cause de la naissance de Jules-César arrivée dans ce mois, On l'appeloit *Quintilis*, le cinquième mois de l'année romaine.

Les jours diminuent d'une heure 22 minutes.

Dates.		Noms des Saints.	Jours de ☉	Phases de la ☽
3 *dim.*	1	s. Martial.	29	☒
lundi	2	Visita. N. D.	1	le 1, à 7
mardi	3	s. Anatole.	2	heures 16
mercredi	4	Tr. s. Mart.	3	minut. du
jeudi	5	ste Valère.	4	du soir.
vendredi	6	s. Tranquille	5	
samedi	7	s. Vénéran.	6	
4 *dim.*	8	s. Aquilas.	7	
lundi	9	s. Cyrille.	8	☾
mardi	10	ste Félicité.	9	le 9, à 9
mercredi	11	Tr. s. Benoît	10	heures 47
jeudi	12	s. Gualbert.	11	minut. du
vendredi	13	s. Turiaf.	12	soir.
samedi	14	s. Bonavent.	13	
5 *dim.*	15	s. Henri.	14	
lundi	16	N. D. du C.	15	●
mardi	17	s. Clair.	16	le 16, à 2
mercredi	18	s. Th. d'Acq.	17	heures 59
jeudi	19	s. Vin. de P.	18	minut. du
vendredi	20	ste Marguer.	19	soir.
samedi	21	s. Victor.	20	
6 *dim.*	22	ste Magdel.	21	
lundi	23	s. Appollin.	22	☽
mardi	24	ste Christine.	23	le 23, à 8
mercredi	25	s. Jac. s. Ch.	24	heures 48
jeudi	26	Tr. s. Marc.	25	m. du m.
vendredi	27	s. Georges.	26	
samedi	28	ste Anne.	27	☒
7 *dim.*	29	ste Marthe.	28	le 31, à 10
lundi	30	s. Abdon.	29	he 48 m.
mardi	31	s. Ger.-Aux.	1	du matin.

AOUST, ainsi nommé à cause de la naissance
et de plusieurs actions d'Auguste-César,
arrivées dans ce mois. On le nommoit *Sex-*
tilis, sixième mois de l'année romaine.

Les jours diminuent d'une heure 40 minutes.

Dates		Noms des Saints.	Jours de ☉	Phases de la ☽
mercredi	1	s. Pier.-ès-L.	2	
jeudi	2	s. Etienne, p	3	
vendredi	3	Inv. s. Etien	4	
samedi	4	s. Dominique	5	
8 *dim.*	5	s. Yon, m.	6	
lundi	6	Tr. N. Seig.	7	
mardi	7	s. Gaétan.	8	
mercredi	8	s. Justin.	9	☾
jeudi	9	s. Spire.	10	le 8, à 7
vendredi	10	s. Laurent.	11	heu. 10 m.
samedi	11	ste Claire.	12	du matin.
9 *dim.*	12	ste Couronne	13	
lundi	13	s. Eusèbe.	14	
mardi	14	*Vigile-jeun.*	15	●
mercredi	15	Ass. s. Nap.	16	le 14, à 9
jeudi	16	s. Roch.	17	heures 55
vendredi	17	s. Mammès.	18	minut. du
samedi	18	ste Hélène.	19	soir.
10 *dim.*	19	s. Louis, év.	20	
lundi	20	s. Bernard.	21	
mardi	21	s. Privat.	22	☽
mercredi	22	s. Sympher.	23	le 21, à 9
jeudi	23	s. Sidoine.	24	heures 52
vendredi	24	s. Barthelem	25	minut. du
samedi	25	s. Louis, roi.	26	soir.
11 *dim.*	26	s. Zéphyrin.	27	
lundi	27	s. Césaire.	28	
mardi	28	s. Augustin.	29	☉
mercredi	29	s. Méderic.	30	le 30, à 1
jeudi	30	s. Fiacre.	1	h. 44 min,
vendredi	31	s. Ovide.	2	du matin.

SEPTEMBRE est tiré du mot sept, que l'on exprimoit par le mot *September*, avant l'édit de Charles IX, en 1564. Il étoit le septième mois de l'année romaine.

Les jours diminuent d'une heure 39 minutes.

Dates.		Noms des Saints.	Jours de ☉	Phases de la ☽
samedi	1	s. Leu , s. G.	3	
12 *dim.*	2	s. Lasare.	4	
lundi	3	s. Grégoire.	5	
mardi	4	ste Rosalie.	6	
mercredi	5	s. Bertin.	7	
jeudi	6	s. Onésipe.	8	☾
vendredi	7	s. Cloud.	9	le 6, à 3
samedi	8	Nativ. N. D.	10	heures 35
13 *dim.*	9	s. Omer , év.	11	minut. du
lundi	10	s. Nic. Tol.	12	soir.
mardi	11	s. Patient.	13	
mercredi	12	s. Serdot.	14	
jeudi	13	s. Maurille.	15	●
vendredi	14	Ex. ste Croix	16	le 13, à 6
samedi	15	s. Nicoméd.	17	heures 26
14 *dim.*	16	s. Cyprien.	18	minut. du
lundi	17	s. Lambert.	19	matin.
mardi	18	s. Jean Chri.	20	
mercredi	19	s. Janv. 4 *T.*	21	
jeudi	20	s. Eustache.	22	☾
vendredi	21	s. Mathieu.	23	le 20, à 3
samedi	22	s. Maurice.	24	heures 14
15 *dim.*	23	ste Thècle.	25	minut. du
lundi	24	s. Andoche.	26	soir.
mardi	25	s. Firmin.	27	
mercredi	26	ste Justine.	28	
jeudi	27	s. Côm. s. D.	29	☉
vendredi	28	s. Céran , év.	30	le 29 à 4
samedi	29	s. Michel.	1	heures 55
16 *dim.*	30	s. Jérôme.	2	minut. du soir.

OCTOBRE tire son nom du nombre huit, exprimé par le mot *October*. C'étoit le huitième mois de l'année romaine, qui commençoit par le mois de mars.

Les jours diminuent d'une heure 39 minutes.

Dates.		Noms des Saints.	Jours de ☉	Phases de la ☽
lundi	1	s. Remi.	3	
mardi	2	ss. Anges.	4	
mercredi	3	s. Denis , ar.	5	
jeudi	4	s. François.	6	
vendredi	5	sre Aure.	7	
samedi	6	s. Bruno.	8	☾
17 *dim.*	7	s. Serge , m.	9	le 5, à 10
lundi	8	s. Démêtre.	10	heures 26
mardi	9	s. Denis , év.	11	minut. du
mercredi	10	s. Géréon.	12	soir.
jeudi	11	s. Nicaise.	13	
vendredi	12	s. Vilfride.	14	●
samedi	13	s. Gérand.	15	le 12, à 3
18 *dim.*	14	s. Caliste.	16	heures 16
lundi	15	ste Thérèse.	17	minut. du
mardi	16	s. Gal, arch.	18	soir.
mercredi	17	s. Cerboney.	19	
jeudi	18	s. Luc , évar.	20	
vendredi	19	s. Savinien.	21	
samedi	20	s. Sandou.	22	☽
19 *dim.*	21	ste Ursule.	23	le 20, à 9
lundi	22	s. Melon , év.	24	heures 27
mardi	23	s. Hilarion.	25	minut. du
mercredi	24	s. Magloire.	26	matin.
jeudi	25	s. Crépin.	27	
vendredi	26	s. Rustique.	28	
samedi	27	s. Frumence.	29	
20 *dim.*	28	s. Sim. s. Jud	1	☉
lundi	29	s. Faron , év.	2	le 28, à 7
mardi	30	s. Lucain.	3	7 minutes
mercredi	31	*Vigile jeûne*	4	du matin.

NOVEMBRE exprime le nombre neuf par
le mot *November*; il étoit le neuvième mois
de l'année romaine, qui commençoit par le
mois de Mars.

Les jours diminuent d'une heure 45 minutes.

Dates.		Noms des Saints.	Jours de ☉	Phases de la ☽
jeudi	1	Toussaint.	5	
vendredi	2	*les Trépassés*	6	
samedi	3	s. Marcel.	7	
21 *dim.*	4	s. Charles.	8	☾
lundi	5	ste Bertilde.	9	le 4, à 5
mardi	6	s. Léonard.	10	heures 7
mercredi	7	s. Florent.	11	minut. du
jeudi	8	stes Reliques	12	matin.
vendredi	9	s. Mathurin.	13	
samedi	10	s. Léon I, p.	14	
22 *dim.*	11	s. Martin, é.	15	●
lundi	12	s. René, év.	16	le 11, à 6
mardi	13	s. Brice, év.	17	heures 38
mercredi	14	s. Laurent, é.	18	minut. du
jeudi	15	s. Eugène.	19	matin.
vendredi	16	s. Edme, ar.	20	
samedi	17	s. Agnan.	21	
23 *dim.*	18	ste Aude, v.	22	
lundi	19	ste Elisabeth	23	☽
mardi	20	s. Edmond.	24	le 19, à 6
mercredi	21	Prés. N. D.	25	heures 18
jeudi	22	ste Cécile.	26	minut. du
vendredi	23	s. Clément.	27	matin.
samedi	24	s. Severin, s.	28	
24 *dim.*	25	ste Catherin.	29	
lundi	26	ste Gen. Ar.	30	☉
mardi	27	s. Vital.	1	le 26, à 7
mercredi	28	s. Sostènes.	2	heures 53
jeudi	29	s. Saturnin.	3	minut. du
vendredi	30	s. André.	4	soir.

DÉCEMBRE vient du mot dix, exprimé par le mot *December*; c'étoit le dixième mois de l'année romaine, qui commençoit par le mois de Mars.

Les jours diminuent d'une heure 59 minutes.

Dates.		Noms des Saints.	Jours de ☉	Phases de la ☽
samedi	1	s. Éloi, év.	5	
1 *dim.*	2	*Avent.*	6	
lundi	3	s. Franç. Xa.	7	
mardi	4	ste Barbe.	8	
mercredi	5	s. Sabas.	9	☾
jeudi	6	s. Nicolas.	10	le 3, à 53
vendredi	7	ste Fare, v.	11	minut. du
samedi	8	Conc. N. D.	12	soir.
2 *dim.*	9	ste Gorgone.	13	
lundi	10	ste Valère.	14	
mardi	11	s. Fuscien.	15	
mercredi	12	s. Damas.	16	●
jeudi	13	ste Luce.	17	le 10, à 10
vendredi	14	s. Nicaise.	18	heures 20
samedi	15	s. Mesmin.	19	minut. du
3 *dim.*	16	ste Adélaïde.	20	soir.
lundi	17	ste Olimpiad	21	
mardi	18	s. Nemèse.	22	
mercredi	19	*Quat.-Tems*	23	☽
jeudi	20	s. Philogone.	24	le 19, à 2
vendredi	21	s. Thomas.	25	heures 56
samedi	22	s. Cheron.	26	minut. du
4 *dim.*	23	ste Victoire.	27	matin.
lundi	24	*Vigile-jeune*	28	
mardi	25	*NOEL.*	29	
mercredi	26	s. Étienne.	1	☉
jeudi	27	s. Jean, év.	2	le 26, à 7
vendredi	28	s. Innocens.	3	heures 18
samedi	29	s. Thomas C.	4	minut. du
dimanche	30	ste Colombe.	5	matin.
lundi	31	s. Sylvestre.	6	

AVERTISSEMENT.

On pense bien que, si j'avais voulu
donner la collection de toutes les chansons aimables, agréables, érotiques,
critiques, grivoises, et autres, (1) surtout de nos chansonniers vivans, j'aurais fait un nombre infini de volumes :
mais j'ai voulu et dû me borner à un
seul. J'ai eu alors un grand embarras
dans mon choix. Combien j'ai regreté de chansons que je désirais y
insérer (2) !

---

(1) Je ne parle pas des *Romances*, qui sont
à la chanson ce que le *Drame* est à la comédie.

(2) On peut à cet égard voir surtout la collection des *Dîners du Vaudeville*, *l'Epicurien
Français*, etc.

Au moyen de la réunion des auteurs des siècles successifs, on peut juger quels ont été les progrès de l'art, et l'esprit des différens siècles.

MOMUS EN DÉLIRE,

ou

LES CHANSONS LES PLUS GAIES,

Tant des Chansonniers que des autres Poètes français, depuis VILLON jusqu'à nos jours.

DISCOURS PRÉLIMINAIRE.

AUTREFOIS la Chanson, vraie ou ayant son véritable caractère, n'avait qu'un but, la gaîté : souvent on l'a portée jusqu'à la folie, dans les *Coqs-à-l'Ane* et les *Amphigouris*. Pourvu qu'on y arrivât, par quelque voie que ce fût, on avait bien fait. Aussi Collé (1), qui

---

(1) Au nom de Collé,
Gloire et jubilé.
Moins coquet que Favart (*)
Et plus gai que Pannard,
On dirait qu'à l'amitié docile
Son facile
Vaudeville,
Avec le bon vin,
Ait soudain
Coulé.
J. M. DESCHAMPS.

(*) *Voyez* l'Éloge de Favart, en huit couplets, par M. Ségur aîné.

passe à juste titre pour le meilleur chansonnier, ne voyait-t-il que ce but (2).
Aujourd'hui elle en a deux, la Gaîté et
la Critique des Mœurs. Craignons qu'un
jour on ne lui en donne un troisième,
la Morale; fors et excepté l'Épicurienne.
On sent qu'elle perdrait tout son mérite,
et ne serait plus qu'une vaine et fade
prédicatrice.

De tous les chansonniers de France,
Quel est le plus spirituel?
C'est toi, Collé. Quelle abondance
De gaîté, d'esprit et de sel!

ÉTIENNE DESPRÉAUX.

(2) COUPLET.

AIR *du vaudeville du Jaloux corrigé.*

Ne te conduis pas par autrui :
Si ce siècle pédant se choque
D'une ordure ou d'une équivoque,
    N'importe, poursui.
    C'est tant pis pour lui,
    S'il veut mettre aujourd'hui
    La vertu dans l'ennui.
Qu'on exige moins de décence
Dans les propos que l'on tiendra ;
Mais dans les mœurs plus d'innocence.
    Plus on en dira ,
    Moins on en fera ;
    La vertu renaîtra,
    La gaîté reviendra.

COLLÉ.

CORBEUIL DIT VILLON.

(Il vivait dans le XVe. siècle.)

SUR LES FEMMES DE PARIS.

AIR :

Quoiqu'on tienn' belles langagières
Génevoises, Véniciennes,
Assez pour être messagières,
Et mêmement les Anciennes :
Mais soit Lombardes, Romaines,
Florentines, (à mes périls)
Pymontaises, Savoisiennes ;
Il n'est bon bec que de Paris.

De très-beau parler tient-on chères
(Ce dit-on) Néapolitaines ;
Aussi sont bonnes caquetières,
Allemandes et Prussiennes ;
Mais soit Grecques, Egyptiennes,
De Hongrie ou d'autres pays,
Espagnoles ou Castellanes,
Il n'est bon bec que de Paris.

Brettes, Suisses, n'y savent guères,
Ne Gasconnes et Tholouzannes ;
Du Petit-Pont, deux harangères
Les conchiraient ; et les Lorraines,

Anglesches ou Callaisiennes.
Ai-je beaucoup de lieux compris,
Picardes de Valenciennes;
Il n'est bon bec que de Paris.

CHARLES D'ORLÉANS,

PÈRE DE LOUIS XII.

CHANSON MISE SUR L'AIR : *Nous sommes précepteurs d'amour.*

AMANS qui par ici passez,
Gardez le trait de la senestre,
Car plutôt blessés vous serez
Que de trait d'arc ou d'arbalestre.

Amans qui par ici passez,
Gardez la destre et la senestre; (1)
Allez toujours les yeux baissés,
Gardez le trait de la senestre.

Se vous avez trop regardé,
Il vous faut médecin bon maître;
A Dieu soyez recommandé,
Mort vous tiens, demandez le prêtre!

(1) Craignez la droite et la gauche.
Cave à dextrâ et à sinistrâ.

CLOTILDE SURVILLE,

SURNOMMÉE LA SAPHO FRANÇAISE.

(Elle vivait dans le XVe. siècle.)

A SON ÉPOUX (en 1468.)

AIR :

Aux premiers jours du printemps de mon âge,
Me pavanoy, sans crainte et sans désir ;
Roses et lys issoient sur mon visage ; (naissaient)
Tous de mirer et nul de les cueillir. (admirer)
Mais quand l'auteur de mon premier soupir
Les fut livrant au plus tendre ravage,
Lors m'écriai, me sentant frémollir :
« Faut être deux pour avoir du plaisir ;
» Plaisir ne l'est qu'autant qu'on le partage! »

Toujours depuis, caressant le servage
Que par tes yeux l'amour m'a fait subir,
Se ne te voy, me seroit affolage, (Si) (folie)
Joie espérer, fors de ton souvenir. (hors)
Mais se reviens, soudain de tressaillir, (si)
De te presser à mon tremblant corsage,
Et m'égarer, pour trop bien le sentir,
Qu'il n'est qu'à deux d'épuiser le plaisir ;
Plaisir ne l'est qu'autant qu'on le partage !

Or , toutefois , de ce triste rivage
S'allois partant , (1) emportoit le zéphir ,
Mes longs regrets ; et ce précieux gage
De tant d'ardeurs ne les souloit blandir ; (
Mais grâce à lui, plus ne sauroy languir :
Lorsqu'en mes bras serrerai ton image ,
Entre les tiens me cuiderai tollir. (3)
Un tiers si doux ne fait tort au plaisir ;
Plaisir ne l'est qu'autant qu'on le partage !

ENVOI.

Gentil époux, si Mars et ton courage
Plus contraignoient ta Clotilde à gémir , (4)
De lui montrer, en son petiot langage,
A t'appeler, ferai tout mon plaisir ;
Plaisir ne l'est qu'autant le partage !

------

(1) Si tu quittais ce triste rivage.
(2) Ne pouvait les appaiser. *Blandiri non solebat.*
(3) Je me croirai transportée.
(4) Contraignaient encore.

Voyez tont le charmant Recueil des poésies de Clotilde qu'on a publiées en 1804.

CLÉMENT MAROT.

(Il vivait dans le XVIe. siècle, sous François Ier.)

CHANSON.

Air:

Plus ne suis ce que j'ai été,
Et ne le saurais jamais être ;
Mon beau printemps et mon été
Ont fait le saut par la fenêtre.
Amour ! tu as été mon maître ;
Je t'ai servi sur tous les dieux :
Oh ! si je pouvais deux fois naître !
Comme je te servirais mieux !

AUTRE SUR LA SERPETTE.

Air:

Le dieu Vulcain, forgeron des hauts Dieux,
Forgea aux cieux la serpe bien taillante,
De fin acier, trempé en bon vin vieux,
Pour tailler mieux et être plus vaillante.
Bacchus la vante, et dit qu'elle est séante,
Et convenante à Noé le bonhomm
Pour en tailler la vigne en la saison.

I..

Bacchus alors chapeau de treille avait,
Et arrivait pour bénire la vigne;
Avec flacons Siléne le suivait,
Lequel buvait aussi droit qu'une ligne.
Puis il trépeigne et se fait une bigne: (1)
Comme une guigne était rouge son nez.
Beaucoup de gens de sa race sont nés.

⁓⁓⁓⁓

AUTRE.

AIR:

J'AI trouvé moyen et loisir
D'envoyer monsieur à la chasse;
Mais un autre prend le plaisir
Qu'envers madame je pourchasse.

Ainsi pour vous, gros bœufs puissans,
Ne traînez charrue en la plaine; (2)
Ainsi pour vous, moutons paissans,
Ne portez sur le dos la laine.

Ainsi pour vous, oiseaux du Ciel,
Ne sauriez faire une couvée:
Ainsi pour vous, mouches à miel,
Vous n'avez la cire trouvée.

(1) *Bigne*, bosse au front qui vient d'une chûte ou
d'un coup qu'on a reçu.

(2) Les quatre *Sic vos non vobis* de Virgile, traduits.

AUTRE.

Quand vous voudrez faire une amie,
Prenez-la de belle grandeur :
En son esprit non endormie,
En son tétin bonne rondeur :
      Douceur
      En cœur,
      Langage
      Bien sage ;
Dansant, chantant par bons accords,
Et ferme de cœur et de corps.

Si vous la prenez trop jeunette,
Vous en aurez peu d'entretien :
Pour durer, prenez la brunette,
En bon point, d'assuré maintien.
      Tel bien
      Vaut bien
      Qu'on fasse
      La chasse
Du plaisant gibier amoureux.
Qui prend telle proie est heureux !

SAINT-GELAIS.

(Il vivait du temps de Marot, dans le XVIe. siècle.)

Air:

CHATELUS donne à déjeûner,
A six, pour moins d'un Carolus:
Et Jacquelot donne à diner,
A plus, pour moins que Chatelus.
Après tels repas dissolus,
Chacun s'en va gai et fallot:
Qui me perdra chez Chatelus
Ne me cherche chez Jaquelot.

RONSARD,

SURNOMMÉ LE PRINCE DES POÈTES.

(Personne ne fut plus honoré que lui.—Il vivait dans
le XVIe siècle, sous François I.{er}, Henri II, François II,
Charles IX et Henri III.)

CHANSON.

Air :

Si c'est aimer, madame, et de jour et de nuit
Rêver, songer, penser au moyen de vous plaire ;
Oublier toute chose, et ne vouloir rien faire
Qu'adorer et servir la beauté qui me nuict :
Si c'est aimer de suivre un bonheur qui me fuit,
De me perdre moi-même et d'être solitaire,
Souffrir beaucoup de mal, beaucoup craindre et me taire,
Pleurer, crier mercy, et m'en voir éconduit :

Si c'est aimer de vivre en vous plus qu'en moi-même,
Cacher d'un front joyeux une langueur extrême,
Sentir au fond de l'ame un combat inégal,
Chaud, froid, comme la fièvre amoureuse me traite,
Honteux, parlant à vous, de confesser mon mal :
Si cela c'est aimer, furieux je vous aime ;
Je vous aime, et sais bien que mon mal est fatal :
Le cœur le dit assez, mais la langue est muette.

BAIF,

(COMPAGNON DE RONSARD.)

CHANSON.

AIR:

Par promesse gentille,
Belle, tu me devois
De compte fait, deux mille
Bons baisers à mon choix.
Mille j'en avois pris,
Mille j'en ai rendus,
Sans que d'amour surpris
Deux j'en aie perdus.

Autant que l'accord monte
Tu m'en as pu fournir.
Amour à certain compte
Ne se doit pas tenir.
Et qui trouveroit bon
Que de compte arrêté,
Des épis la moisson
Se levât en été?

*Trois couplets dans le sens de cette dernière
idée.*

Méline, ma déesse
En un bloc qui ait fin,
Ne me fais point largesse
De ton baiser divin.
Chiche, tu comptes donc
Tes baisers précieux ?
Et tu ne comptas onc
Les larmes de mes yeux !

Combien le bloc se monte
De tes baisers je voi.
Tu ne vois pas le compte
Des maux que j'ai pour toi.
Si tu savais combien
Se montent mes pensers,
Vraiment je perdrais bien
Par compte tes baisers.

Mes tristes pensers, belle,
Sont sans compte et sans fin :
Sans compte, ô Mélinelle !
Soient tes baisers, afin
Que j'aie allégemens
Infinis tour à tour,
Aux infinis tourmens
Que j'ai pour ton amour.

REGNIER

(LE SATYRIQUE.)

(Il vivait dans le XVIe siècle, et mourut, âgé de
40 ans, en 1613, vers le commencement du XVIIe.)

———

CONTRE LES PEINES DE L'AMOUR.

AIR :

Jamais ne pourrai-je bannir
Hors de moi l'ingrat souvenir
De ma gloire sitôt passée ?
Toujours pour nourrir mon souci,
Amour, cet enfant sans merci,
S'offrira-t-il à ma pensée ?

Tyran implacable des cœurs,
De combien d'amères langueurs
As-tu touché ma fantaisie ?
De quels maux m'as-tu tourmenté ?
Et dans mon esprit agité
Que n'a point fait la jalousie ?

Mes yeux aux pleurs accoutumés
Du sommeil n'étoient plus fermés ;
Mon cœur frémissoit sous la peine ;
A vu d'œil mon teint jaunissoit,
Et ma bouche, qui gémissoit,
De soupirs étoit toujours pleine.

Aux caprices abandonné,
J'errois d'un esprit forcené,
La raison cédant à la rage :
Mes sens des désirs emportés,
Flottoient confus de tous côtés,
Comme un vaisseau parmi l'orage.

Blasphémant la terre et les cieux,
Même je m'étois odieux,
Tant la fureur troubloit mon ame :
Et bien que mon sang amassé,
Autour de mon cœur fût glacé,
Mes propos n'étoient que de flamme.

Pensif, frénétique, et rêvant,
L'esprit troublé, la tête au vent,
L'œil hagard, le visage blême :
Tu me fis tous maux éprouver,
Et sans jamais me retrouver,
Je m'allois cherchant moi-même.

Cependant, lorsque je voulois
Par raison enfreindre tes lois,
Rendant mon ame refroidie :
Pleurant, j'accusai ma raison,
Et trouvai que la guérison
Est pire que la maladie.

Un regret pensif et confus
D'avoir été, de n'être plus,
Rend mon ame aux douleurs ouverte.
A mes dépens, las! je vois bien
Qu'un bonheur comme étoit le mien
Ne se connoît que par la perte.

DU BELLAY,

SURNOMMÉ LE CATULLE FRANÇAIS.

(Il vivait dans le XVIe siècle, sous François Ier et
Henri II.)

———

LE RETOUR DU PRINTEMS.

AIR :

De l'hiver la triste froidure
Va sa rigueur adoucissant,
Et des eaux l'écorce trop dure
Au doux zéphir amollisant ;
    Les oiseaux par les bois,
    Ouvrent à cette fois
    Leurs gosiers étrécis ;
    Et plus sous durs glaçons
    Ne sentent les poissons
    Leurs manoirs raccourcis.

La froide humeur des monts chenus
Enfle déjà le cours des fleuves ;
Déjà les cheveux sont venus
Aux forêts si longuement veuves.
    La terre au ciel riant,
    Va son teint variant
    De mainte couleur vive :
    Le ciel, pour lui complaire,
    Orne sa face claire
    De grand' beauté naïve.

Vénus ose jà sur la brune
Mener danses gaies et cointes,
Aux pâles rayons de la lune,
Ses grâces aux nymphes bien jointes.
    Maint satyre outrageux,
    Par les bois ombrageux,
    Ou du haut d'un rocher,
    (Quoique tout brûle et arde)
    Étonné les regarde,
    Et n'en ose approcher.

Or, est temps que l'on se couronne
De l'arbre à Vénus consacré.
Ou que sa tête on environne
Des fleurs qui viennent de leur gré.
    Qu'on donne au vent aussi
    Cet importun souci
    Qui tant nous fait la guerre;
    Que l'on voise sautant,
    Que l'on voise heurtant
    D'un pied libre la terre.

Voici déjà l'été qui tonne,
Chasse le peu durable ver (printems),
L'été, le fructueux automne,
L'automne, le frileux hyver.
    Mais les lunes volages,
    Ces célestes dommages
    Réparent; et nous, hommes,
    Quand descendons aux lieux
    De nos ancêtres vieux,
    Ombre et poudre nous sommes.

Pourquoi donc avons-nous envie
Du soin qui les cœurs ronge et fend?
Le terme bref de notre vie
Un trop long espoir nous défend.

Ce que les destinées
Nous donnent de journées,
Estimons que c'est gain.
Que sais-tu si les Dieux
Octroiront à tes yeux
De voir un lendemain ?

Dis à ta lyre qu'elle enfante
Quelques vers, dont le bruit soit tel
Que ta veine à jamais se vante
Du nom de Dorat immortel.
Ce grand tour violent
De l'an léger-volant,
Ravit et jours et mois,
Non les doctes écrits
Qui sont de nos esprits
Les perdurables voix.

DESPORTES.

SURNOMMÉ LE TIBULLE FRANÇAIS.

(Il vivait à la cour de Henri III ; il mourut au
commencement du XVIIe siècle, en 1606.)

CHANSON.

AIR :

Le mal qui me rend misérable
Et qui me conduit au trépas,
Est si grand qu'il est incroyable ;
Aussi vous ne le croyez pas.

Amour qui des yeux prend naissance,
Court aussitôt vers le désir,
Se conserve avec l'espérance,
Et trouve repos au plaisir.
Mon amour est d'une autre sorte;
Le désespoir la rend plus forte:
Elle renait de son trépas.
Perdant, elle acquiert la victoire;
C'est une chose forte à croire,
Aussi vous ne le croyez pas.

Tout ce que l'univers enserre,
Tend au bien, le cherche et le suit;
Le feu, l'air, les eaux et la terre,
Et tout ce qui d'eux est produit:
Moi seul, de moi-même adversaire,
Je cours à ce qui m'est contraire,
Et ne fuis rien tant que mon bien.
Je rends ma douleur incurable;
Mais pour ce qu'il n'est pas croyable,
Madame, vous n'en croyez rien.

Si j'aimais à l'accoutumée,
Je crois qu'il serait bien aisé
De juger mon ame enflammée,
Par quelque soupir embrâsé.
Sitôt qu'un autre amour commence,
Elle apparaît, chacun le pense,
On la connaît, on en fait cas:
Mais le feu qui me met en cendre,
Est tel qu'il ne peut se comprendre,
Aussi vous ne le croyez pas.

Il n'y a regret ni tristesse
Qui trouble si fort un amant,
Que de voir celle qui le blesse
Ne croire rien de son tourment.

Et c'est ce qui plus me console.
Car si mes pleurs ou ma parole,
Ma douleur pouvaient assurer,
Ce me serait fort peu de gloire
Qu'elle fut si facile à croire,
Etant si forte à endurer.

Le mal qui me rend misérable,
Et qui me conduit au trépas,
Est si grand qu'il est incroyable,
Aussi vous ne le croyez pas.

AUTRE.

Air:

Amour, oyant tant renommer
La Vénus qui me fait aimer,
Entreprit vers elle un voyage,
Tant il est désireux du beau!
Et se fit ôter son bandeau
Pour mieux voir si parfait ouvrage.

Alors, ravi de tant d'attraits,
Et navré de ses propres traits:
Sus, sus, dit-il, qu'on me rebande;
Aussi bien, revolant aux cieux,
Il ne faut pas que je m'attende
De voir rien d'égal à ses yeux.

PASSERAT.

(Il vivait dans le XVIe siècle, et mourut en 1602, conséquemment au commencement du XVIIe.) (1)

CHANSON.

AIR:

Laissons le lit et le sommeil
　　Cette journée :
Pour nous l'aurore au teint vermeil
　　Est déjà née.
Or que le ciel est le plus gai
En ce gracieux mois de mai ;
　　Aimons, mignonne,
Contentons notre ardent désir ;
En ce monde n'a du plaisir
　　Qui ne s'en donne.

---

(1) SONNET SUR PASSERAT.

Tu restais, Passerat, du bon siècle passé,
Siècle ou les doctes Sœurs avaient tant de puissance,
Et tes chers compagnons, grand' lumière de France,
Belleau, Baïf, Ronsard, t'avaient tous devancé.

Seul de ces demi-Dieux, tu nous fus délaissé
Comme un gage dernier de l'antique excellence,
Afin que ta splendeur éblouît l'ignorance,
Et fit voir de combien ce siècle a rabaissé.

Mais voyant qu'ici bas ta demeure était vaine,
Le destin favorable a mis fin à ta peine,
Enrichissant le ciel d'un si divin flambleau.

Passerat, dont les vers coulent comme ambroisie,
Si tu vis de ton temps naître la poésie,
Je puis dire, à ta mort, l'avoir vue au tombeau.
Par DESPORTES.

Viens, belle, viens te pourmener
    Dans ce bocage;
Entends les oiseaux jargonner
    De leur ramage.
Mais écoute comme, sur tous,
Le rossignol est le plus doux,
    Sans qu'il se lasse.
Oublions tout deuil, tout ennui,
Pour nous réjouir comme lui:
    Le temps se passe.

Ce vieillard, contraire aux amans,
    Des ailes porte,
Et, en fuyant, nos meilleurs ans
    Bien loin emporte.
Quand ridée un jour tu seras,
Mélancolique, tu diras:
    J'étais peu sage
Qui n'usais point de la beauté,
Que, sitôt, le temps a ôté
    De mon visage.

Laissons ce regret et ce pleur
    A la vieillesse;
Jeunes, il faut cueillir la fleur
    De la jeunesse.
Or que le ciel est le plus gai
En ce gracieux mois de mai,
    Aimons, mignone;
Contentons notre ardent désir;
En ce monde n'a du plaisir
    Qui ne s'en donne.

AUTRE CHANSON.

Air:

BELLE, ta beauté s'enfuit :
Cueillons ensemble le fruit
De la jeunesse gaillarde.
Pendant qu'en avons le temps,
Rendons nos désirs contens;
Beauté n'est un fruit de garde.

BERTAUT.

(Il vivait du temps de RONSARD et de DESPORTES.)

On chante encore tous les jours
sa jolie Romance :

Au bord d'une fontaine,
Tircis, brûlant d'amour,
Contait ainsi sa peine
Aux échos d'alentour :
Félicité passée,
Qui ne peut revenir,
Tourment de ma pensée
Que n'ai-je, en te perdant, perdu le souvenir ! (1)

(1) Messieurs de Port-Royal ont mis ce refrein dans le Commentaire sur Job.

CHANSON.

AIR:

Souhaitant que le Ciel punisse
De quelque rigoureux supplice
Ce cœur contre Amour endurci,
Je faux de dire que je l'aime, (je mens)
Quoique mon amour soit extrême :
C'est haïr que d'aimer ainsi.

Mais ne haïssant l'inhumaine
Que pource qu'ingrate à ma peine,
Elle n'en a point de souci :
Ma haine est si pleine de flamme,
Qu'Amour la causant en mon ame,
C'est aimer que haïr ainsi.

Veuille l'Amour plus favorable,
Ou veuille la mort secourable,
Rendre ce tourment accourci ;
Car, toute paix m'étant ôtée,
Ma pauvre ame est bien agitée
D'aimer et de haïr ainsi.

Qu'Amour soit clément ou sévère,
A tort je crains, à tort j'espère,
Et sa rigueur et sa merci :
Ne méritant de ma cruelle
Amour ni haine mutuelle,
D'aimer et de haïr ainsi.

Ou si cette haine amoureuse
Veut que plus et moins rigoureuse
Elle m'aime et haïsse aussi ;
Dieux ! faites par votre clémence
Que, pour peine et pour récompense,
Elle m'aime et haïsse ainsi.

HENRI IV,

ROI DE FRANCE.

CHANSON.

Air :

Charmante Gabrielle,
Percé de mille dards,
Quand la gloire m'appelle
A la suite de Mars :
    Cruelle départie ! (destinée)
    Malheureux jour !
Que ne suis-je sans vie,
    Ou sans amour !

    Partagez ma couronne,
Le prix de ma valeur ;
Je la tiens de Bellonne,
Tenez-la de mon cœur.
    Cruelle départie !
    Malheureux jour !
C'est trop peu d'une vie,
    Pour tant d'amour !

INVOCATION A L'AURORE.

Paroles et musique de Henri IV.

Viens, aurore,
Je t'implore,
Je suis gai quand je te voi,
La bergère,
Qui m'est chère
Est vermeille comme toi.

D'ambroisie,
Bien choisie,
Hébé la nourrit à part;
Et sa bouche,
Quand j'y touche,
Me parfume de nectar.

Elle est blonde,
Sans seconde;
Elle a la taille à la main;
Sa prunelle
Etincelle
Comme l'astre du matin.

Pour entendre
Sa voix tendre,
On déserte le hameau;
Et Tytire,
Qui soupire,
Fait taire son chalumeau.

Les trois Grâces
Sur ses traces
Font naître un essaim d'amour ;
La sagesse,
La justesse,
Accompagnent ses discours.

LE CARDINAL.

DAVI DU PERRON.

(Il vivait dans le XVIe. siècle et au commencement
du XVIIe ; il mourut le 5 décembre 1618.)

On connaît ses beaux vers à Henri IV :

« Grand roi ! dont les malheurs élèvent la vertu
Et servent de degrés à l'autel de ta gloire,
Qui plus as d'ennemis moins te vois abattu,
Aussi fier au péril que doux en la victoire.

Ores que (1) le soleil recommence son cours
Pour marquer les saisons que sa lumière change,
Je veux de ta valeur commencer le discours,
Pour, avec l'an croissant, accroître ta louange. »

CHANSON.

Air :

Puisqu'il faut désormais que j'éteigne ma flame,
Seul et cruel remède, avec l'eau de mes pleurs,
Et que pour m'arracher les épines de l'ame,
Je m'ôte aussi du cœur les roses et les fleurs.

(1) Maintenant que.

Sortez de mon esprit, pensers pleins de délices,
Chers et doux entretiens dont l'état est changé,
Qu'un injuste mépris convertit en supplices,
Je vous ouvre la porte et vous donne congé.

Avec vos mots flatteurs et vos feintes idoles
De constance et de foi, déités sans pouvoir,
Dont le son déguisait si souvent ses paroles,
Quel amant n'eût été facile à décevoir ?

(Reproches et adieux en dix couplets.)

Mais que dis-je ? ô mon tout ! quel trouble me transporte ?
De tes beaux yeux vainqueurs vouloir rompre la loi,
Et briser tant de nœuds dont l'étreinte est si forte,
Comme si mon vouloir était encore à moi !

Non, non, c'est une erreur : l'amour qui me possède
Ne peut se voir dompté par temps ni par raison ;
Le trépas seulement, à qui tout désir cède,
Porte dedans ses mains les clefs de ma prison.

Adieu doncques vous-même adieu trop plein d'audace ;
Adieu desseins légers et propos insensés,
Dignes d'être punis d'une juste disgrace,
Si l'excès de l'amour ne vous avait poussés.

MALHERBE,

SURNOMMÉ LE PÈRE DE LA POÉSIE FRANÇAISE.

(Il naquit dans le XVIe. siècle, en 1555, et il mourut dans le XVIIe., en 1628.) (1)

Ses chansons, qui toutes ont été faites pour et au nom de personnages de la cour de Henri IV, ont plutôt le ton de la romance que celui de la chanson. On peut dire qu'elles étaient *de commande*.

Voici celle qui m'a paru la moins éloignée du genre que j'ai choisi, et encore l'est-elle infiniment. = La Chanson n'était pas *le Genre de* MALHERBE.

CHANSON *sur le départ de la vicomtesse d'Auchy (Charlotte des Ursins) en* 1608.

A I R :

   ILS s'en vont ces rois de ma vie,
     Ces yeux, ces beaux yeux,
   Dont l'éclat fait pâlir d'envie
     Ceux même des Cieux.
   Dieux, amis de l'innocence,
   Qu'ai-je fait pour mériter
   Les ennuis où cette absence
     Me va précipiter ?

(1) Qui ne connaît ces deux vers de *Lafontaine* sur *Malherbe* et *Racan ?*

» Ces deux rivaux d'*Horace*, héritiers de sa lyre,
» Disciples d'*Apollon*, nos maîtres, pour mieux dire «.

Elle s'en va cette merveille
Pour qui nuit et jour,
Quoique la raison me conseille,
Je brûle d'amour.
Dieux, amis de l'innocence, etc.

En quel endroit de solitude
Assez écarté,
Mettrai-je mon inquiétude
En sa liberté ?
Dieux, amis de l'innocence, etc.

Les affligés ont, en leur peine,
Recours à pleurer ;
Mais, quand mes yeux seraient fontaine,
Que puis-je espérer ?
Dieux, amis de l'inoncence,
Qu'ai-je fait pour mériter
Les ennuis où cette absence
Me va précipiter ?

RACAN.

(Il était disciple de MALHERBE et page d'HENRI IV. —
On croirait ses vers des plus beaux temps des XVIIe.
et XVIIIe. siècles.)

CHANSON BACCHIQUE (adressée à Maynard.)

AIR :

MAINTENANT que du Capricorne,
Le temps mélancolique et morne,
Tient au feu le monde assiégé ;
Noyons notre ennui dans le verre,
Sans nous tourmenter de la guerre
Du tiers-état et du clergé.

Je sais, Maynard, que les merveilles
Qui naissent de tes longues veilles,
Vivront autant que l'univers;
Mais que te sert-il que ta gloire
Se lise au temple de mémoire
Quand tu seras mangé des vers.

Quitte cette inutile peine,
Buvons plutôt à longue haleine
De ce nectar délicieux,
Qui pour l'excellence précède
Celui même que Ganimède
Verse dans la coupe des Dieux.

C'est lui qui fait que les années
Nous durent moins que des journées;
C'est lui qui nous fait rajeunir,
Et qui bannit de nos pensées
Le regret des choses passées
Et la crainte de l'avenir.

Buvons, Maynard, à pleine tasse;
L'âge insensiblement se passe,
Et nous mène à nos derniers jours:
L'on a beau faire des prières,
Les ans non plus que les rivières
Jamais ne rebroussent leur cours.

Le printemps, vêtu de verdure,
Chassera bientôt la froidure;
La mer a son flux et reflux;
Mais depuis que notre jeunesse
Quitte la place à la vieillesse,
Le temps ne la ramène plus.

Les lois de la mort sont fatales,
Aussi bien aux maisons royales
Qu'aux taudis couverts de roseaux.
Tous nos jours sont sujets aux parques;
Ceux des bergers et des monarques
Sont coupés des mêmes ciseaux.

Leurs rigueurs par qui tout s'efface,
Ravissent en bien peu d'espace
Ce qu'on a de mieux établi;
Et bientôt nous mèneront boire
Au-delà de la rive noire,
Dans les eaux du fleuve d'oubli.

~~~~

A SA MAITRESSE.

AIR:

PHILIS, vous avez beau jurer,
Quand vous protestez d'ignorer
Le désir dont amour vous touche;
Les yeux que vous avez si doux,
Démentant votre belle bouche,
Seront plus croyables que vous.

Vous sentez tout ce que je sens,
Vos discours les plus innocens
Sont pleins de ruse et d'artifice:
Je ne crois plus à votre foi,
Je connais trop votre malice;
Vous n'êtes enfant que pour moi.
~~~~

Ce tyran si craint dans les cieux,
Ce petit dieu qui dans vos yeux
Fait tous les jours sa résidence,
Quand même il y tend ses appâts,
Vous jurez avec impudence
Que vous ne le connaissez pas.

Pour en parler sans passion,
Vous ne sauriez faire action
Avec ingratitude plus noire,
Que lorsque vous nous témoignez
D'ignorer le nom et la gloire
De celui par qui vous régnez.

Mettez-vous en votre devoir,
N'attendez pas que son pouvoir
Vous contraigne à le reconnaître :
Et n'estimez point odieux
D'être sous l'empire d'un maître
Qui nous rend compagnons des Dieux.

~~~~~

AUTRE CHANSON (1).

Air :

Cruel tyran de mes désirs,
Respect de qui la violence,
Au plus fort de mes déplaisirs
Me veut obliger au silence,
Permets qu'aux rochers seulement
Je conte les ennuis que je souffre en aimant.

(1) Il y règne une harmonie si douce, et si digne de
Racine, que je n'ai pu résister au désir de l'insérer ici,
quoiqu'elle diffère de Celles que j'ai généralement
adoptées.
~~~~~

Ces bois éternellement sourds
Ne sont point suspects à ma plainte :
Les échos y dorment toujours,
Le repos y fuit la contrainte,
Les zéphirs peuvent seulement
Y soupirer le mal qu'ils souffrent en aimant.

Que sous leurs ombrages épais
Ma tristesse trouve de charmes !
Que ces lieux, amis de la paix,
Reçoivent doucement mes larmes !
C'est là que je puis seulement
Me plaindre des ennuis que je souffre en aimant.

Encore que devant Daphné
Ma passion soit excessive ;
De qui tient mon cœur enchaîné,
Tient aussi ma langue captive ;
Même je n'ose seulement
Y soupirer le mal que je souffre en aimant.

Tout cède au pouvoir de ses yeux,
Leurs clartés n'ont point de pareilles,
L'auteur de la terre et des cieux
N'admire qu'en eux ses merveilles ;
Aussi sa beauté seulement
Est digne des ennuis que je souffre en aimant.

Si la fortune, quelque jour,
Exauce ma juste requête,
Et fait triompher mon amour
De cette pénible conquête,
Alors aux rochers seulement
Je dirai les douceurs que l'on goûte en aimant.

MAYNARD.

(Il était contemporain de *Racan* et son ami.)

CHANSON.

Air:

Hélène, Oriane, Angélique,
Je ne suis plus de vos amans;
Loin de moi l'éclat magnifique
Des noms puisés dans les romans.

Ma passion, quoiqu'Amour fasse,
Ne fera plus son paradis
Des beautés qui tirent leur race
De la chronique d'Amadis.

Vive Barbe, Alix et Nicole,
Dont les simples naïvetés
Ne furent jamais à l'école
Des ruses et des vanités.

Une santé fraîche et robuste,
Fait que toujours leur teint est net,
Et lorsque leur beauté s'ajuste,
La campagne est leur cabinet.

Leur ame n'est pas inhumaine
Pour tirer mes vœux en longueur,
Jamais je n'ai perdu l'haleine
En courant après leur rigueur.

> Adieu, dames, dont l'habit riche,
> Sous un luxe vain et trompeur,
> N'est autre chose que la niche
> D'une carcasse à faire peur.
>
> J'en veux aux femmes de village,
> Je n'aime plus en autre part ;
> La nature en leur beau visage
> Fait la figue aux secrets de l'art.

THÉOPHILE.

(Il vivait sur la fin du XVIe siècle, et il mourut
vers le quart du XVIIe, le 25 septembre 1626.)

CHANSON.

Air:

> Je n'ai repos ni nuit ni jour,
> Je brûle, je me meurs d'amour,
> Tout me nuit, personne ne m'aide ;
> Le mal m'ôte le jugement,
> Et plus je cherche de remède,
> Moins je me trouve d'allégement.
>
> Je suis désespéré, j'enrage ;
> Qui me veut consoler m'outrage.
> Si je pense à ma guérison,
> Je tremble de cette espérance ;
> Je me fâche de ma prison,
> Et ne crains que ma délivrance.

Orgueilleuse et belle qu'elle est,
Elle me tue, elle me plait;
Ses faveurs qui me sont si chères,
Quelquefois flattent mon tourment;
Quelquefois elle a des colères
Qui me poussent au monument.

Mes amoureuses fantaisies,
Mes passions, mes frénésies,
Quai-je plus encore à souffrir?
Dieux, destins, amour, ma maîtresse,
Ne dois-je jamais ni guérir,
Ni mourir, du trait qui me blesse?

Mais, suis-je point dans un tombeau?
Mes yeux ont perdu leur flambleau,
Et mon ame, Iris l'a ravie:
Encor, voudrais-je que le sort
Me fît avoir plus d'une vie,
Afin d'avoir plus d'une mort.

Plût aux dieux qui me firent naître,
Qn'ils eussent retenu mon être
Dans le froid repos du sommeil,
Que ce corps n'eût jamais eu d'ame,
Et que l'amour ou le soleil
Ne m'eussent point donné leur flame!

Tout ne m'apporte que du mal:
Mon propre démon m'est fatal:
Tous les astres me sont funestes:
J'ai beau recourir aux autels,
Je sens que pour moi les célestes
Sont faibles (1) comme les mortels.

(1) (Pour moi les Dieux sont impuissans.)

O destins ! tirez-moi de peine :
Dites-moi si cette inhumaine
Consent à mon affliction ;
Je bénirai son injustice,
Et n'aurai d'autre passion
Que de courir à mon supplice.

Las ! je ne sais ce que je veux !
Mon ame est contraire à mes vœux :
Ce que je crains, je le demande :
Je cherche mon contentement ;
Et quand j'ai du mal, j'appréhende
Qu'il finisse trop promptement.

DE L'ESTOILE.

(Il vivait dans le XVIIe siècle. Il mourut en 1652.)

CHANSON A BOIRE.

Air :

Que j'aime en tout temps la taverne !
Que librement je m'y gouverne !
Elle n'a rien d'égal à soi :
J'y vois tout ce que je demande ;
Et les torchons y sont pour moi
De fine toile de Hollande.

Durant que le chaud nous outrage,
On ne trouve point de bocage
Agréable et frais comme elle est :
Et quand la froidure m'y mène,
Un malheureux fagot m'y plaît
Plus que tout le bois de Vincenne.

J'y trouve à souhait toutes choses,
Les chardons m'y semblent des roses,
Les cervelas des ortolans ;
L'on n'y combat jamais qu'au verre :
Les cabarets et les brelans
Sont le paradis de la terre.

C'est Bacchus que nous devons suivre :
Le nectar dont il nous enivre
A je ne sais quoi de divin ;
Et quiconque a cette louange
D'être homme sans boire du vin,
S'il en buvait, serait un ange.

Le vin me rit, je le caresse ;
C'est lui qui bannit ma tristesse
Et réveille tous mes esprits ;
Nous nous aimons de même sorte :
Je le prends ; après, j'en suis pris ;
Je le porte, et puis il me porte.

Quand j'ai mis quarte dessus pinte,
Je sui gai, l'oreille me tinte ;
Je recule au lieu d'avancer :
Avec le premier je me frotte,
Et je fais, sans savoir danser,
De beaux entrechats dans la crotte.

Pour moi, jusqu'à ce que je meure,
Je veux que le vin blanc demeure
Avec le clairet dans mon corps,
Pourvu que la paix les assemble;
Car je les jetterai dehors
S'ils ne s'accordent bien ensemble.

SAINT-AMAND.

(Il vivait dans le XVIIe. siècle. Il mourut en 1661.)

On croirait ses vers du 15e. siècle. Il en faut excepter plusieurs stances sur *la Solitude*, où il règne beaucoup de douceur et d'harmonie.

L'ENAMOURÉ.

CHANSON.

Air:

Parbleu! j'en tiens, c'est tout de bon,
Ma libre humeur en a dans l'aile,
Puisque je préfère au jambon
Le visage d'une donzelle.
Je suis pris dans le doux lien
De l'Archerot idalien;
Ce dieutelet, fils de Cyprine,
Avecque son arc mi-courbé,
A féru ma rude poitrine,
Et m'a fait venir à jubé.

Mon esprit a changé d'habit;
Il n'est plus vêtu de revesche;
Il se raffine et se fourbit
Aux yeux de ma belle Chevesche.
Plus aigu, plus clair et plus net
Qu'une dague de cabinet,
Il estocade la tristesse;
Et la chassant d'autour de soi,
Se vante que la politesse
Ne marche plus qu'avecque moi.

Je me fais friser tous les jours,
Ou me relève la moustache;
Je n'entrecoupe mes discours
Que de rots d'ambre et de pistache;
J'y fais banqueroute au petun; (au tabac)
L'excès du vin m'est importun,
Dix pintes par jour me süffisent;
Encore, ô falotte beauté
Dont les regards me déconfisent,
Est-ce pour boire à ta santé.

LA CREVAILLE.

CHANSON BACCHIQUE.

Air:

Qu'on m'apporte une bouteille,
Qui d'une liqueur vermeille
Soit teinte jusqu'à l'orret, (jusqu'au bord)
Afin que sous cette treille
Ma soif la prenne au colet.

Il faut faire tabagie
Et célébrer une orgie
A ce Biomien divin,
Lui présentant pour bougie
Un hanap enflé de vin. (un broc)

Sus donc qu'on chante victoire,
Et que ce grand mot : *à boire*
Mette tant de pots à sec
Qu'une éternelle mémoire
S'en puisse exercer le bec.

Hurlons comme les Ménades;
Ces airs qu'en leurs sérénades
Les amoureux font ouïr,
Au milieu des carbonnades, (1)
Ne sauraient nous réjouir.

Bacchus aime le désordre,
Il se plaît à voir l'un mordre,
L'autre braire et grimacer,
Et l'autre en fureur se tordre
Sous la rage de danser.

(Cinq couplets sur un cochon de lait.)

Oh! que la débauche est douce!
Il faut qu'en faisant carrousse, (2)
Ma flûte en sonne le prix,
Et que sur Pégase en housse
Je la montre aux beaux esprits.

(1) Des chairs cuites sur les charbons.

(2) Repas où l'on fait bonne chère et où l'on boit
beaucoup.

ADAM BILLAUT,

(MENUISIER DE NEVERS) SURNOMMÉ LE VIRGILE
AU RABOT (1).

(Il vivait sous le règne de Louis XIII.)

CHANSON BACCHIQUE (telle qu'il l'a
composée. — Tout le monde connaît
l'autre version.)

> QUE Phébus soit dans l'onde
> Ou dans son oblique tour,
> Je bois toujours à la ronde;
> Le vin est tout mon amour;
> Soldat du fils de Sémelle (de Bacchus)
> Tout le tourment qui me poinct;
> C'est quand mon ventre groumelle (gronde
> Faute de ne boire point.   ou crie)

> Aussitôt que la lumière
> Vient redorer les côteaux,
> Poussé du désir de baire,
> Je caresse les tonneaux.
> Ravi de revoir l'aurore,
> Le verre en main, je lui dis:
> Voit-on plus au rive Maure
> Que sur mon nez de rubis?

(1) *Voyez* son Ode admirable au cardinal de Ri-
chelieu.

Si quelque jour étant ivre,
La Parque arrête mes pas,
Je ne veux point pour revivre
Quitter un si doux trépas.
Je m'en irai dans l'Averne
Faire enivrer Alecton,
Et planterai ma taverne
Dans la chambre de Pluton.

Le plus grand de la terre,
Quand je suis au repas,
S'il m'annonçait la guerre,
Il n'y gagnerait pas.
Jamais je ne m'étonne,
Et je crois, quand je boi,
Que, si Jupiter tonne,
C'est qu'il a peur de moi.

La nuit n'est point chassée
Par l'unique flambeau,
Qu'aussitôt ma pensée
Est de voir un tonneau ;
Et lui tirant la bonde,
Je demande au soleil,
As-tu bu dedans l'onde,
D'un élément pareil ?

(Dans la dernière version, peu dif-
férente de la première, on a retranché
le premier et le dernier couplets, et on
a ajouté les quatre qui suivent :)

« Par ce nectar délectable,
Les démons étant vaincus,
Je ferais chanter au diable
Les louanges de Bacchus.

J'appaiserais de Tentale
La grande altération,
Et, passant l'onde infernale,
Je ferais boire Ixion.

  « Au bout de ma quarantaine,
Cent ivrognes m'ont promis
De venir, la tasse pleine,
Au gîte où l'on m'aura mis.
Pour me faire une hécatombe
Qui signale mon destin,
Ils arroseront ma tombe
De plus de cent brocs de vin.

  « De marbre ni de porphyre
Qu'on ne fasse mon tombeau ;
Je ne veux pour tout écrire,
Que le contour d'un tonneau ;
Je veux qu'on peigne ma trogne
Avec ces vers à l'entour :
Ci-gît le plus grand ivrogne
Qui jamais ait vu le jour.

  » De tous les dieux que la fable
A mis dans son Panthéon,
Il n'en est qu'un véritable
Qui soit digne de ce nom :
C'est Bacchus que je veux dire;
Car des autres immortels
Je crois qu'un buveur peut rire
Jusqu'au pied de leurs autels. »

AUTRE CHANSON BACCHIQUE.

Air :

Quittons le soin avare,
De nos ans le bourreau,
Et qui d'un fer barbare
Nous creuse le tombeau,
Et n'ayons plus d'envie
Que d'honorer Bacchus ;
Puisqu'en perdant la vie
Nous perdons nos écus.

Si la Parque inhumaine
Souffrait pour de l'argent,
De quinzaine en quinzaine,
Comme fait un sergent ;
Pour vivre davantage,
Je serrerais du bien ;
Mais nargue du ménage,
Puisqu'il ne sert de rien.

———

(*Voyez* l'article Francis.)

DESMARETS,

(Auteur de la comédie des *Visionnaires*. Il vivait
dans le milieu du XVIIe. siècle.)

CHANSON (un peu romance).

AIR:

TRISTES et malheureuses nuits,
Qui réveillez tous mes ennuis,
Tandis que vous donnez repos à toute chose;
Me plaindrai-je toujours ainsi?
C'est assez, soupirs, souffrez que je repose,
Et ne me dites plus : Cloris n'est point ici.

Déjà la lune en pâlissant
Fuit devant le soleil naissant,
Et le sommeil encor n'a fermé ma paupière.
Pour moi seulement sous les cieux
La nuit est sans repos et le jour sans lumière,
Aussitôt que Cloris s'éloigne de mes yeux.

Messagère de la clarté,
Déesse de qui la beauté
Emprunte mille attraits de celle que j'adore,
Viens-tu m'annoncer son retour?
Tu cours envain pour moi : retourne belle aurore
Si tu viens seulement pour annoncer le jour.

Pourquoi, courrière d'Orient,
Verses-tu des pleurs en riant?
Pleures-tu de pitié, voyant ce que j'endure!

5

Et si tu ris en même temps?
N'est-ce point que tu veux me donner un augure
Que je verrai bientôt la beauté que j'attends?

Hélas! que ce penser est doux!
Le Ciel de mon bien trop jaloux
Me défend d'espérer l'heur que tu me proposes;
Mais toi qui redonnes le jour,
Et qui rends à nos yeux toutes les belles choses,
Que ne m'amènes-tu l'objet de mon amour?

PATRIX (1).

(Il vivait dans le même temps que Desmarets.)

Air:

Soupirs, regards, petits soins,
En amour tout est langage,
Et souvent qui parle le moins
En témoigne davantage.
Servir et persévérer
C'est assez se déclarer.

---

(1) C'est de lui ces vers si connus;
Je songeais cette nuit que du mal consumé,
Côte à côte d'un pauvre on m'avait inhumé,
Et que, n'en pouvant pas souffrir le voisinage,
En mort de qualité je lui tins ce langage:
Retire-toi coquin, va pourrir loin d'ici;
Il ne t'appartient pas de m'approcher ainsi.
Coquin, ce me dit-il, d'une arrogance extrême!
Va chercher tes coquins ailleurs, coquin toi-même!
Ici, tous sont égaux, je ne te dois plus rien:
Je suis sur mon fumier, comme toi sur le tien.

AUTRE A UNE DAME.

AIR :

REPRENEZ, Remercourt,
Dès ce jour,
Votre amitié sans amour.
Fussiez-vous cent fois plus belle,
Sans lui je ne veux point d'elle.

DALIBRAY.

(Il vivait dans le commencement du XVIIᵉ siècle.)

CHANSON SUR LE PRINTEMS.

AIR :

LA mère des Amours
Tenant ses grands jours,
Dans son siége d'ivoire,
Prononce à sa gloire :
A l'amour on résiste en vain,
Qui n'aima jamais, aimera demain.

Que nos cœurs soient contens
A ce gai printemps,
Et que le plus sévère
Me suive et révère :
A l'amour on résiste en vain,
Qui n'aima jamais, aimera demain.

Chaque rose ici bas
Ressent mes appas
Et la terre elle-même
Rit au ciel qu'elle aime :
À l'amour on résiste en vain,
Qui n'aima jamais, aimera demain.

Le ciel, pour la voir mieux,
Ouvre tous ses yeux,
Et la trouvant si belle,
Brûle aussi pour elle :
A l'amour on résiste en vain,
Qui n'aima jamais, aimera demain.

A cet exemple heureux,
Doit être amoureux
Tout ce qu'en soi resserre
Le ciel et la terre :
A l'amour on résiste en vain,
Qui n'aima jamais, aimera demain.

A SA MAITRESSE.

AIR :

Tu l'as dit tout publiquement,
Que tu m'acceptais pour amant,
Adorable et belle Uranie ;
Mais je n'y puis ajouter foi,
Et tu crois aussi bien que moi
Que qui le dit ainsi, le nie.

Quelqu'innocent que soit l'amour,
C'est un enfant qui hait le jour,

Et qui veut toujours qu'on le cache ;
Il est et timide et honteux,
Et ce qu'il communique à deux,
Il fuit qu'un troisième le sache.

Qu'il fasse pour punition
D'une si fausse affection,
Qu'une vraie à mes feux réponde ;
Et, comme c'est un dieu discret,
Que tu m'oses dire en secret,
Ce que tu dis à tout le monde.

<center>~~~~</center>

CHANSON DIALOGUÉE.

AIR :

DAMON.   Baise, baise-moi tout à l'heure ;
         Depuis que j'ai quitté ces lieux,
         Je le jure par tes beaux yeux,
         J'ai fait aux champs longue demeure.

DAPHNÉ. Pour te donner un baiser, soit,
         La civilité me l'ordonne.
DAMON.   Si la civilité le donne
         C'est mon amour qui le reçoit.

         Baise, baise, je t'en supplie,
         Daphné, me veux-tu refuser ?
DAPHNÉ. Ne viens-je pas de te baiser ?
         Quoi ? sitôt mon baiser s'oublie !

DAMON.   Que ton jugement se confond,
         Ma Daphné, si tu le peux croire !
         C'est pour avoir trop de mémoire
         Que j'en demandais un second.

GILBERT.

(Il vivait dans le milieu du XVIIe. siècle. Il était secrétaire des commandemens de la reine Christine de Suède.)

SUR LE PRINTEMS.

Air :

Déja le beau printems a pris sa robe verte,
Qu'il traîne avecque grâce en pompe dans les champs,
Et Vénus, dans un char, la gorge découverte,
Réveille les oiseaux et leurs amoureux chants.

Le soleil, qui revient de la terre Idumée,
Ramène les beaux jours et les douces ardeurs;
Il a, comme un amant, la tête parfumée,
Et répand dans les airs d'agréables odeurs.

Ce Dieu jeune et galant frise sa blonde tresse,
Et d'un œil dont l'éclat nous produit les chaleurs,
Regarde avec amour la terre, sa maîtresse,
Et de ses doux regards ne naissent que des fleurs.

La terre, pour lui plaire, aussi devient plus belle;
Elle pare son sein avec les lys naissans,
Et se montrant sensible à sa flamme immortelle,
Le soir et le matin lui donne de l'encens.

De la galanterie, et de ce feu visible,
Dont ces parfaits amans ont le cœur enflamé,
Naît tout ce que l'on voit de vivant et sensible;
Ce qui fait que l'on aime et que l'on est aimé.

Aussi tous les printems, et le ciel et la terre,
Par l'ordre des destins, se font ainsi la cour ;
Sans leur paix, l'univers seroit toujours en guerre,
Et tout mourrait sans leur amour.

MARIGNY.

(Il vivait dans le milieu du XVIIe. siècle)

SUR L'AMOUR.

Air :

Si l'amour est un doux servage,
Si l'on ne peut trop estimer
Les plaisirs où l'amour engage,
Qu'on est sot de ne pas aimer !

Mais si l'on se sent enflammer
D'un feu dont l'ardeur est extrême,
Et qu'on n'ose pas l'exprimer,
Qu'on est sot alors que l'on aime !

Si, dans la fleur de son bel âge,
Une qui pourrait tout charmer
Vous donne son cœur en partage,
Qu'on est sot de ne pas aimer !

Mais s'il faut toujours s'alarmer,
Craindre, rougir, devenir blême,
Aussitôt qu'on s'entend nommer,
Qu'on est sot alors que l'on aime !

Pour complaire au plus beau visage
Qu'amour puisse jamais former,
S'il ne faut rien qu'un doux langage,
Qu'on est sot de ne pas aimer !

Mais quand on se voit consumer,
Si la belle est toujours de même,
Sans que rien la puisse animer,
Qu'on est sot alors que l'on aime !

ENVOI.

En amour si rien n'est amer,
Qu'on est sot de ne pas aimer !
Si tout l'est au degré suprême,
Qu'on est sot alors que l'on aime !

FAUCON DE CHARLEVAL.

(Il vivait dans le milieu du XVIIe. siècle.)

CHANSON A BOIRE ET A AIMER.

AIR:

Nous blâmons les ambitieux,
Contens de l'état où nous sommes ;
La gloire est faite pour les dieux,
Les plaisirs sont faits pour les hommes.
Le moyen de passer un jour
Sans boire et sans faire l'amour.

Du bon temps prenons notre part,
Chaque saison nous y convie,
L'on ne peut trop tôt ni trop tard
Goûter les douceurs de la vie ;
L'on ne saurait vivre content,
Qu'en buvant, mangeant et chantant.

Déité, de qui les mortels
Reçoivent des faveurs si grandes,
Si vous voulez que vos autels
Soient parfumés de nos offrandes,
Donnez-nous toujours la santé,
Chère entière, et la liberté.

Tâchons d'échapper aux malheurs
Dont notre vie est traversée ;
Changeons les épines en fleurs,
Et mettons-nous dans la pensée
Que le jeu, l'amour et le vin,
Sont les ennemis du chagrin.

Chers amis, buvons à longs traits,
Enivrons nos corps et nos ames,
Afin d'oublier nos procès
Et les méchans tours de nos femmes ;
Pour se consoler, il est bon
D'étourdir par fois la raison.

Quand on peut régler ses désirs,
Le bon sens fait voir, ce me semble,
Que la sagesse et les plaisirs
Ne n'accordent pas mal ensemble,
Et que l'amour et le bon vin
Sont les ennemis du chagrin.

AUTRE.

Air :

Amour, démon sans égal,
Ton pouvoir dompte le nôtre :
Je ne te dis bien ni mal,
Tu m'as fait et l'un et l'autre,

Eh ! pourqnoi t'égares-tu ?
L'amitié qui te ressemble,
Joint les beaux noms de vertu
Et de passion ensemble.

Amitié, tout est charmant
Sous ton équitable empire :
On te trouve rarement,
C'est ce que j'y trouve à dire.

AUTRE.

Air :

Quoi ! sans vous souvenir de moi ni de ma peine,
Vous pouvez passer tout un jour !
Haïssez-moi plutôt Climène ;
L'indifférence est en amour
Plus dangereuse que la haine.

Vous n'êtes pas heureuse
Dans ce charmant séjour :
Etes-vous amoureuse ?
Vous rêvez tout le jour.
Ah ! l'on n'est pas aussi rêveuse,
Quand on n'a point d'amour.

Amour, je me suis plaint cent fois,
   Des rigueurs de tes lois;
   Ton feu m'était insupportable;
   Mais hélas! je me trompais bien :
     Un cœur est misérable
   Dès le moment qu'il n'aime rien.

Tircis voyait un jour sa bergère inquiète,
   Et lui disait : ingrate Annette,
C'est un autre berger qui cause votre ennui :
   Vous n'aimez plus que sa musette,
   Si vous portez cette houlette
   Peut-être qu'elle vient de lui.

   Quand vous allez dans cette plaine,
Quand vous cherchez ses troupeaux avec soin,
   Ah ! vous n'êtes que trop certaine
   Que le berger n'en est pas loin.

AUTRE.

Air :

Celui qu'amour n'a jamais su charmer,
Pour son repos doit craindre ta présence :
Et si quelqu'un, Iris, cesse d'aimer,
En te voyant, il faut qu'il recommence.

SAINT-PAVIN. (1)

(Il vivait dans le milieu du XVIIe. siècle.)

CHANSON.

Air :

Mon médecin, chaque jour,
Sachant que je meurs d'amour
Pour la petite Silvie,
Me dit que si je la vois
En un mois plus d'une fois,
Il m'en coûtera la vie :

---

(1) On connaît son Sonnet contre Boileau :

> SYLVANDRE, monté sur le Parnasse,
> Avant que personne en sut rien,
> Trouva Regnier avec Horace,
> Et rechercha leur entretien.
>
> Sans choix et de mauvaise grace,
> Il pilla presque tout leur bien,
> Il s'en servit avec audace,
> Et s'en para comme du sien.
>
> Jaloux des plus fameux poètes,
> Dans ses satyres indiscrètes
> Il choque leur gloire aujourd'hui.
>
> En vérité je lui pardonne :
> S'il n'eût mal parlé de personne,
> On n'eût jamais parlé de lui.

A combien de satyriques la fin de ce sonnet est plus justement applicable !

Je me suis mal ménagé,
Vivant au jour la journée,
En quatre jours j'ai mangé
Les douze mois de l'année.

AUTRE.

AIR:

Qu'on a de peine à se guérir
D'une amoureuse frénésie !
En vain, quand l'ame en est saisie,
La raison vient la secourir;
Elle a beau conter et nous dire
Qu'un sage jamais ne soupire;
Les amans en font peu de cas.
Ce mal est grand, il est à craindre;
Mais je trouve bien plus à plaindre
Celui qui ne le souffre pas.

AUTRE.

AIR:

Catin est une fine bête :
Pour m'empêcher de faire le brutal,
Elle se plaint du mal de tête,
Quand je la trouve seule avec mon rival;
Sitôt que je les abandonne,
Elle en guérit et me le donne.

VOITURE.

(Il vivait dans le commencement du XVIIe. siècle. Il mourut, âgé de 50 ans, en 1648.)

CHANSON (sur une dame dont la juppe fut retroussée en versant dans un carosse, à la campagne.)

AIR :

PHILIS, je suis dessous vos lois,
Et sans remède, à cette fois,
Mon ame est votre prisonnière;
Mais sans justice et sans raison,
Vous m'avez pris par le derrière,
N'est-ce pas une trahison ?

Je m'étais gardé de vos yeux,
Et ce visage gracieux,
Qui peut faire pâlir le nôtre,
Contre moi n'ayant point d'appas,
Vous m'en avez fait voir un autre,
De quoi je ne me gardais pas.

D'abord il se fit mon vainqueur;
Ses attraits percèrent mon cœur;
Ma liberté se vit ravie,
Et le méchant, en cet état,
S'était caché toute sa vie,
Pour faire cet assassinat.

Il est vrai que je fus surpris,
Le feu passa dans mes esprits ;
Et mon cœur autrefois superbe,
Humble se rendit à l'amour,
Quand il vit votre cul sur l'herbe
Faire honte aux rayons du jour.

Le soleil confus dans les cieux,
En le voyant si radieux ,
Pensa retourner en arrière ,
Son feu ne servant plus de rien ;
Mais ayant vu votre derrière ,
Il n'osa plus montrer le sien.

La rose, la reine des fleurs,
Perdit ses plus vives couleurs ;
De crainte l'œillet devint blême ;
Et Narcisse alors convaincu,
Oublia l'amour de soi-même ,
Pour se mirer en votre cul.

Aussi rien n'est si précieux,
Et la clarté de vos beaux yeux ,
Votre teint qui jamais ne change ,
Et le reste de vos appas ,
Ne méritent point de louange
Qu'alors qu'il ne se montre pas.

On m'a dit qu'il a des défauts
Qui me causeront mille maux ;
Car il est farouche à merveilles ;
Il est dur comme un diamant,
Il est sans yeux et sans oreilles,
Et ne parle que rarement.

Mais je l'aime, et veux que mes vers,
Par tous les coins de l'univers,

En fassent vivre la mémoire;
Et ne veux penser désormais
Qu'à chanter dignement la gloire
Du plus beau cul qui fut jamais.

Philis, cachez bien ces appas ;
Les mortels ne dureraient pas ,
Si ces beautés étaient sans voiles ;
Les dieux qui régnent dessus nous,
Assis là-haut sur les étoiles,
Ont un moins beau siége que vous.

———

Qui ne reconnaît dans cette plaisanterie tout le bel esprit de Voiture?

AUTRE.

AIR :

Je me tais, et me sens brûler ,
Car l'objet qu'adore mon ame
Est si parfait que je n'en puis parler,
Sans faire voir à tous le sujet de ma flame.

Si je dis que dans l'univers
Celle pour qui je meurs n'eût jamais de pareille ,
Qu'elle est de tous les yeux l'amour et la merveille,
Qui ne devinera la beauté que je sers?

Si je dis que dans ses beaux yeux,
Cet archer qui m'y fait la guerre,
Forge des traits qu'il garde pour les Dieux,
Méprisant désormais tous les cœurs de la terre;

Et que dans le fort des hivers
Quand la rigueur du froid efface toutes choses,
Son teint paraît toujours plein de lys et de roses ;
Qui ne devinera la beauté que je sers ?

Que si je parle dignement
De son esprit incomparable,
Dont la grandeur partage également
Avecque sa beauté le titre d'adorable.

Si je puis dépeindre en mes vers
Combien son ame est grande, et généreuse et belle ;
A tant de qualités qu'on ne trouve qu'en elle,
Qui ne devinera la beauté que je sers ?

Mais sans parler de sa beauté,
De son esprit ni de ses charmes,
Si je décris comme sa cruauté
Méprise désormais les soupirs et les larmes ;

Et que ceux qui sont dans ses fers
N'en reçurent jamais un regard favorable,
Que le ciel n'en voit point de plus inexorable,
Qui ne devinera la beauté que je sers ?

SCARRON,

Surnommé L'ARCHI-STOÏCIEN.

(Il vivait dans le milieu du XVIIe siècle.)

AIR :

PHILIS, vous vous plaignez que je n'ai point d'esprit
A vous parler de mon martire ;
Hélas ! ignorez-vous qu'un mal que l'on peut dire
N'est jamais si grand qu'on le dit ?

Un amant dit assez quand il est interdit,
Quand il languit, quand il soupire ;
Mais apprenez, Philis, qu'un mal que l'on peut dire
N'est jamais si grand qu'on le dit.

CHANSON *sur le blocus de Paris.*

Air:

Ma foi, nous en avons dans l'aile,
Les frondeurs nous la baillent belle,
Mallepeste de l'union;
Le blé ne vient plus qu'en charrette;
Confession, communion,
Nous allons mourir de disette.

Qu'en dites-vous, troupe frondeuse,
Moitié chauve, moitié morveuse,
Où sont donc tous vos gens de main?
Avec six ou sept cent mille hommes;
A peine trouvons-nous du pain,
Pauvres affamés que nous sommes.

Dès les premières barricades,
Sans recommencer les frondades,
Il fallait bien prendre son temps;
Et non pas comme des Jocrisses,
En soudrilles et capitans,
Dépenser toutes vos épices.

Tandis que le prince nous bloque,
Et prend bicoque sur bicoque,
Et nos rivières haut et bas,
Nous ne nous amusons qu'à faire,
Au lieu de sièges et combats,
Des chansons sur laire-lan-laire.

Nos chefs et nos braves cohortes
N'ont pas sitôt passé les portes,
Qu'ils les repassent vitement.
Nous mettons nos gens en bataille,
Le Polonais et l'Allemand
Cependant croquent la volaille.

Usons bien de la conférence,
Remettons la paix dans la France,
Où tout est, vous m'entendez bien ;
Finissons la guerre civile,
Et que le pain quotidien
Revienne à Paris la grand'ville.

Dans toute la France on s'étonne
Que votre intention si bonne
Vous succéde si pauvrement.
On y trouve beaucoup à-mordre ;
Six semaines de réglement
Font pis qu'un siècle de désordre.

SARRAZIN (1).

(Il vivait dans le milieu du XVII° siècle. Il mourut
en 1657.)

CHANSON (à CHARLEVAL.)

AIR :

Mon cher Tyrcis, de quoi t'étonnes-tu,
De voir Cloris coquette et coquetée ?
Le siècle en est, et la pauvre vertu
Constance est morte et n'est pas regretée.

(1) On connaît de lui ce sonnet sur les
femmes, adressé à CHARLEVAL.

Lorsqu'ADAM vit cette jeune beauté,
Faite pour lui d'une main immortelle.

L'Inde a moins d'or et moins de perroquets
Que Paris n'a de coquets et coquettes ;
La mode en est, et jusqu'à nos laquais,
Qui sont trompés, et trompent les soubrettes.

Mais de tout temps les coquets ont chanté,
Et si Jason n'eût coqueté Médée,
Il n'eût jamais en Grèce rapporté
Cette toison si fièrement gardée.

D'esprit coquet les déesses étaient
D'aller ainsi sans connaître un jeune homme,
Lui découvrir tout ce qu'elles portaient,
Et lui montrer le cul pour une pomme.

Le croirais-tu ? cette prude beauté ,
Que dans ses vers Homère a tant chanté,
De cent galans, et l'hiver et l'été,
Pendant vingt ans fut toujours coquetée.

Etonne-toi maintenant que Cloris
D'un seulement ne soit point satisfaite,
Puisqu'elle est femme, et femme de Paris,
Ce qui s'appelle en bon français coquette.

S'il l'aima fort, elle de son côté
(Dont bien nous prend) ne lui fut pas cruelle.

Cher Charleval, alors en vérité
Je crois qu'il fut une femme fidelle :
Mais comme quoi ne l'aurait-elle été !
Elle n'avait qu'un seul homme avec elle.

Or, en cela, nous nous trompons tous deux ;
Car, bien qu'Adam fut jeune et vigoureux,
Bien fait de corps, et d'esprit agréable ;

Elle aima mieux, pour s'en faire conter,
Prêter l'oreille aux fleurettes du diable,
Que d'être femme et ne pas coqueter.

Ton bel esprit, ta grace, tes beaux vers,
Charmes des cœurs, délices de la France,
Mériteraient, en un temps moins pervers,
Beaucoup d'amour et beaucoup de constance.

Mais toutefois, pour ne te point flatter,
Il faut qu'enfin je te dise à l'oreille :
Tu ne fais rien par-tout que coqueter,
Et ta Cloris te traite à la pareille.

QUINAULT.

COUPLET.

Air :

Enfin, la charmante Lisette,
Sensible à mon cruel tourment,
A bien voulu, dessus l'herbette,
M'accorder un heureux moment.
Pressé d'une charge si belle,
Heureux gazon, relevez-vous :
Il ne faut qu'une bagatelle,
Pour alarmer mille jaloux.

LOUILLIER,

Surnommé CHAPELLE.

(Il vivait sur la fin du XVIIe. siécle. Il mourut en septembre 1686.)

CHANSON (à Molière, relativement à ses actrices.)

AIR:

Si nous en voulons croire Homère,
Ce fut la plus terrible affaire
Qu'eut jamais le grand Jupiter.
Pour mettre fin à cette guerre (1)
Il fut obligé de quitter
Le soin du reste de la terre.

Car Pallas, bien que la déesse
Du bon sens et de la sagesse,
Courant par-tout le guilledou,
Avec son casque et son hibou,
Passa pour folle dans la Grèce,
Et lui qui l'aime avec tendresse
Pensa devenir aussi fou.

(1) Le grand embarras qu'éprouva Jupiter pour réduire à ses volontés Junon, Minerve et Vénus.

Si Junon la grave matrone,
Sa compagne au céleste trône,
Devint une dame Alizon,
En faveur de Lacédémone,
Jurant que le bon roi grison
En aurait tout du long de l'aune,
Et que tous ceux de sa maison
En seraient un jour à l'aumône;

Mais de l'autre côté Cypris
Donna congé pour lors aux ris,
Aux jeux, aux plaisirs, à la joie;
Et prenant l'intérêt de Troie,
S'arma pour défendre Pâris.

Le bonhomme aussi Neptunus,
Gagné par sa nièce Vénus,
Et Phœbus l'archer infaillible,
Devant qui le fils de Thétis
Ne se trouva pas invincible,
Firent tous deux leur possible
Pour les murs qu'ils avaient bâtis.

Voilà l'histoire : Que t'en semble?
Crois-tu pas qu'un homme avisé
Voit par là qu'il n'est pas aisé
D'accorder trois femmes ensemble?
Fais-en donc ton profit. Sur-tout
Tiens-toi neutre, et tout plein d'Homère,
Dis-toi bien qu'en vain l'homme espère
Pouvoir jamais venir à bout
De ce qu'un grand dieu n'a su faire.

CHANSON SUR LES RIDEAUX.

Air :

Aura des rideaux qui voudra ;
Je n'en veux avoir de ma vie.
Mais puisque mon quartier a
Si grand désir et tant d'envie
D'ouïr mes raisons, les voilà.

En commençant par mes voisines,
Je leur dirai premièrement,
Qu'au lit le divertissement
Qui se donne entre des courtines,
Tient un peu trop du sacrement.

L'aise et les apprêts n'y font rien ;
Ce plaisir pour le prendre bien
Et de la plus belle manière,
Demande un lit comme le mien,
Tout-à-fait à la cavalière.

Pour vous, messieurs les beaux esprits,
Je vous dirai de plus encore,
Que jamais savant n'en a mis ;
Car les Muses aiment l'aurore,
Les rideaux sont ses ennemis.

En effet, la troupe immortelle
Des neuf sœurs, témoin m'a Clio,
Sur leurs monts à croupe jumelle,
Dorment à l'air, ce qui s'appelle,
En leur langue, être *sub dio*.

Aussi, pour suivre cette mode :
Jamais auteur n'eut tour-de-lit,
Et, qui plus est, jamais ne mit
Dans le froid le plus incommode,
Qu'un laurier pour bonnet de nuit.

Surtout, j'admire entre les dieux,
Que ceux d'eau, même des rivières,
De qui les lits sont en des lieux
Où les rideaux viendraient des mieux,
N'en aient pourtant jamais guères.

Car, hormis les petits ruisseaux,
Qui couvrent leurs lits d'arbrisseaux,
Les grands fleuves, comme la Loire,
Le Rhin et la Seine, font gloire
De n'avoir point de tels rideaux.

Et pour le Nil, un chacun sait
Qu'il n'a pas même de chevet,
Au moins, jusqu'ici, quelque enquête
Qu'on ait su faire de sa tête,
On ne sait où ce dieu la met.

BENSERADE.

(Il a vécu la plus grande partie du XVIIe. siècle.
Il est mort, âgé de 78 ans, le 10 octobre 1691.)

CHANSON. (La rupture.)

AIR:

Puisque votre superbe cœur
Ne veut plus de tous mes services,
Et que ma patiente humeur
Se rebute de vos caprices,
Que vous êtes lasse de moi,
Que je veux reprendre ma foi,

4

Et vous reprendre aussi la vôtre ;
Débarrassés de tant de nœuds ,
Disons-nous adieu l'un à l'autre,
Et là-dessus rompons tous deux.

Réglons-nous mieux à l'avenir
Sur toutes nos fautes passées ,
Ou mettons-en le souvenir
Au rang des choses effacées ;
Renvoyez-moi tous mes poulets,
Reprenez tous vos brasselets,
Vos bijoux, et toute autre chose ;
Ce sont gages qu'amour a faits ;
Et si nous supprimons la cause ,
Il faut supprimer les effets.

CHANSON CONTRE MARIANNE.

(Envoyée à Mlle de Guerchy.)

AIR :

Oui, je vous dis et vous répète ,
Que Marianne était coquette
Et n'eût pu se passer d'amant ;
Ce n'est point médisance noire,
Et je m'en rapporte au roman,
Où vous croyez plus qu'à l'histoire.

Son ame ne fut point ingrate,
Aux passions de Tyridate ,
Qui fut l'un de ses favoris ,
Et c'est d'elle que vient la mode
De faire enrager les maris ,
Alors qu'ils sont vieux comme Hérode.

Lorsque ce livre enseigne comme
Elle baisa ce galant homme,
Dieu sait ce qu'entend le lecteur :
Et vous-même êtes assez fine
pour vous imaginer l'auteur.
Plus modeste que l'héroïne.

On ne pouvait vivre avec elle ;
Hérode et toute sa séquelle
Lui passèrent pour les dragons :
Bref, sa conduite impertinente
Eût, je crois, fait sortir des gonds
Madame votre gouvernante.

La pauvre dame toute bonne
Eût vu cette fière personne
Sans cesse la contrarier,
Et dans son humeur inquiète,
Eût trouvé pis que le brasier,
Et pis que les brins de vergette.

Elle aimait, elle était aimée ;
Mais épargnons sa renommée,
Et laissons-la pour ce qu'elle est ;
Suffit que c'est un sot modèle,
Et qu'on a beaucoup d'intérêt
Que vous ne soyez pas comme elle.

De grâce, n'allez pas redire
Que j'en ai fait une satyre
Où je la mets en beaux draps blancs,
Et que mes Muses libertines
Ont, après quelques deux mille ans,
Mis Marianne aux Feuillantines.

LAFONTAINE.

CHANSON (à une petite fille de douze
ans, qui lui avait adressé des couplets.)

AIR: *Vous voulez me faire chanter.*

PAULE, vous faites joliment
    Lettres et chansonnettes :
Quelque grain d'amour seulement,
    Elles seront parfaites.
Quand ses soins au cœur sont connus,
    Une Muse sait plaire ;
Jeune Paule, trois ans de plus
    Font beaucoup à l'affaire.

Vous parlez quelquefois d'amour,
    Paule, sans le connaître ;
Mais j'espère vous voir un jour
    Ce petit dieu pour maître.
Le doux langage des soupirs
    Est pour vous lettre close.
Paule, trois retours de Zéphirs
    Font beaucoup à la chose.

Si cet enfant, dans vos chansons,
    A des grâces naïves,
Que sera-ce quand ses leçons
    Seront un peu plus vives ?
Pour aider l'esprit, en ces vers,
    Le cœur est nécessaire :
Trois printemps, sur autant d'hivers,
    Font beaucoup à l'affaire.

L'ABBÉ COTIN.
La défense impossible.

CHANSON.

AIR:

Iris s'est rendue à ma foi ;
Qu'eût-elle fait pour sa défense ?
Nous n'étions que nous trois,
Elle, l'amour et moi :
L'amour était d'intelligence.

CHAULIEU (1).

(Il vivait sur la fin du XVIIe. siècle, et il mourut vers le quart du XVIIIe, en 1720.)

CHANSON.

AIR *de la comédie de l'inconnu.*

Un doux penchant vers vous toujours m'entraîne,
Mais mon bonheur est trop longtems douteux ;
Ah! de ma chaine
Rompez les nœuds,
Ou laissez voir à mon cœur amoureux
S'il doit mourir de plaisir ou de peine.

(a) Voyez dans les *Dîners du Vaudeville* son éloge en six couplets par M^r. Després.

Troubles naissans, dont je fus trop charmée,
Transports si doux, qu'êtes-vous devenus?
Flatteuse idée,
Vous n'êtes plus;
Songes trompeurs, que par malheur j'ai crus,
Disparaissez, je ne suis point aimée.

CHANSON (faite à un souper chez
M. Sonin, pour les convives présens
au souper.)

AIR : *Des fragmens de Lully.*

Que ce réduit est agréable!
Mille plaisirs, nulle façon :
L'hôtesse en est toujours aimable;
Et le nom
De notre cher Architriclin
Rime au bon vin.

Amis, buvons à la nature,
Dont nous suivons les douces lois;
Disciple aimable d'Epicure,
Duc de Foix,
Bois, Anacréon de nos jours,
A tes amours.

Périgny, bois à ta maîtresse;
Porte, au sortir de ce repas,
Les fureurs d'une douce ivresse
Dans ses bras;
Imprime aux roses de son teint
L'odeur du vin.

Pour toi, père de la mollesse,
Arbitre de la volupté ,
Lafare, élève de Lucrèce ,
     Ta santé
Vole aux deux bouts de l'univers
     Avec tes vers.

Avec la mine et le courage ,
Grand prieur , du Dieu des combats ,
Qu'il est doux d'avoir en partage
     Les appas
De celle de qui les beaux yeux
     Charment les dieux !

Mais ce qui te rend plus aimable ,
C'est ton amitié pour le vin;
Et que toujours charmant à table ,
     Le matin,
Te trouve entre les ris et les jeux ,
     Plus badin qu'eux.

AUTRE.

AIR :

PENDANT le temps que je vous ai servie ,
J'oubliai tout ce qu'on voit sous les cieux ;
Car je me fis, ma Philis, de vos yeux ,
Dans les transports de mon ame ravie,
Mes dieux, mes rois, ma fortune et ma vie !

(*Voyez sa* ROMANCE : *Que de chagrins, de
tourmens et d'allarmes*).

CHANSON BACCHIQUE.

AIR :

CHER ami, vois dans mon verre,
Pétiller ce jus divin ;
Quand tout le monde est en guerre,
J'adore en paix ma Catin :
Avec elle et le bon vin,
Je me suis fait un destin,
Dont la douceur infinie
N'aura jamais d'autre fin
Que celle de ma vie.

LAFARE,

(AMI DE CHAULIEU.)

(Il mourut en 1712.)

CHANSON BACCHIQUE.

AIR :

ESPRIT et corps, tout m'afflige :
L'un languit sans mouvement,
L'autre en vrai pédant s'érige,
Et veut penser tristement.

Reviens avec tous tes charmes,
Et dissipe mes noirceurs,
Amour, toi qui jusqu'aux larmes,
Sais tout changer en douceurs,

Je rentre dans ta milice,
Et comme ton vieux soldat,
Je prétends à ton service
Expirer dans le combat.

On écrira mon histoire,
Dans les fastes de Vénus;
Comme on chantera ma gloire,
Dans les fastes de Bacchus.

Là, dès que le bon Silène,
Chatouillé par les amours,
Présentera sa bédaine
Riant et buvant toujours.

En mémoire de la mienne,
Dans le bacchique transport,
Chacun à perte d'haleine
Voudra boire un rouge bord.

AUTRE.

AIR: *Un inconnu.*

ENVAIN je bois pour calmer mes alarmes,
Et pour chasser l'amour qui m'a surpris;
Ce sont des armes
Pour mon Iris :
Le vin me fait oublier ses mépris,
Et m'entretient seulement de ses charmes.

4.

J. B. ROUSSEAU,

SURNOMMÉ LE GRAND (1).

(Il était ami de CHAULIEU et de LAFARE, conséquemment leur contemporain.)

———

CHANSON. (Le retour d'Iris.)

AIR : (on l'a mise sur celui de *Gentille Boulangère*.)

Sortez de vos retraites,
Accourez, dieux des bois,
Au son de nos musettes,
Accordez vos hautbois.
Chantez l'objet que j'aime ;
Secondez mes désirs,
Et rendez le ciel même
Jaloux de mes plaisirs.

———

(1) On connaît ses stances sur l'homme :

Que l'homme est bien durant sa vie
Un parfait miroir de douleurs !
Dès qu'il respire, il pleure, il crie,
Et semble prévoir ses malheurs.

Dans l'enfance, toujours des pleurs ;
Un pédant porteur de tristesse ;
Des livres de toutes couleurs ;
De châtimens de toute espèce.

Dans ce lieu solitaire
Iris est de retour.
Déesse de Cythère
Célébrez ce grand jour.
Rappelez sur ces rives
Les amours envolés,
Les grâces fugitives
Et les ris exilés.

Reprenez, belle Flore,
Vos premières couleurs.
Couronnez-vous encore
Des plus brillantes fleurs.
Joignez-vous à Pomone
Pour embellir nos champs;
Et prêtez à l'automne
Les beaux jours du printemps.

Sous ces tendres feuillages
Venez, petits oiseaux;

L'ardente et fougueuse jeunesse
Le met bientôt en pire état;
Des créanciers, une maîtresse,
Le tiraillent comme un forçat.

Dans l'âge mûr, autre combat :
L'ambition le sollicite;
Honneur, richesse, faux éclat,
Soins de famille, tout l'agite.

Vieux, on le méprise, on l'évite :
Mauvaise humeur, infirmité,
Toux, gravelle, goûte, pituite
Assiégent sa caducité.

Pour comble de calamité,
Un directeur s'en rend le maître :
Il meurt enfin peu regreté.
C'était bien la peine de naître!

Accordez vos ramages
Au murmure des eaux.
Chantez l'objet que j'aime ;
Secondez mes désirs,
Et rendez le ciel même
Jaloux de mes plaisirs.

AUTRE.

Air :

Par un baiser ravi sur les lèvres d'Iris ,
De ma fidèle ardeur j'ai dérobé le prix ,
Mais ce plaisir charmant a passé comme un songe.
Ainsi je doute encor de ma félicité.
Mon bonheur fut trop grand pour n'être qu'un mensonge ;
Mais il dura trop peu pour une vérité.

LA FEMME ACCOMPLIE.

Air : *De tous les Capucins du monde.*

Je veux une femme accomplie ,
Qui, pour plaire, se multiplie
Avec tant d'art et d'agrément ,
Qu'on puisse éprouver, quand on l'aime,
Tous les plaisirs du changement,
Jusques dans la constance même.

FÉNÉLON.

CHANSON.

Air de Joconde, ou *Philis demande son portrait.*

Iris, vous connaîtrez un jour
　　Le tort que vous vous faites :
Le mépris suit de près l'amour
　　Qu'inspirent les coquettes.
Cherchez à vous faire estimer
　　Plus qu'à vous rendre aimable ;
Le faux honneur de tout charmer
　　Détruit le véritable.

BOILEAU DESPRÉAUX,

(LE SATYRIQUE.)

(Il était contemporain des précédens. Il est mort,
âgé de plus de 74 ans, le 15 mars 1711.)

CHANSON A BOIRE.

Air :

Philosophes rêveurs, qui pensez tout savoir,
Ennemis de Bacchus, rentrez dans le devoir

Vos esprits s'en font trop accroire.
Allez, vieux fous, allez apprendre à boire.
On est savant quand on boit bien :
Qui ne sait boire, ne sait rien.

AUTRE (faite à Bâville.)

AIR :

Que Bâville me semble aimable,
Quand des magistrats le plus grand,
Permet que Bacchus à sa table,
Soit notre premier président !

Trois Muses, en habit de ville,
Y siégent à ses côtés ;
Et ses arrêts par Arbouville
Sont à plein verre exécutés.

Si Bourdaloue, un peu sévère,
Nous dit : craignez la volupté ;
Escobar, lui dit-on, mon père,
Nous la permet pour la santé.

Contre ce docteur authentique,
Si du jeûne il prend l'intérêt,
Bacchus le déclare hérétique,
Et janséniste, qui pis est.

RACINE FILS (1).

LA RECRUE (à la femme d'un officier qui enrôlait des hommes pour son mari.)

AIR : *Du Prévôt des Marchands.*

Vous faites des soldats au roi ;
Iris, est-ce là votre emploi ?
Pour vous en épargner la peine,
Que l'on assemble seulement
Ceux qu'amour met dans votre chaîne,
Et vous aurez un régiment.

J'y veux entrer, et que l'argent
Ne soit point mon engagement.
Je n'ai point l'ame mercenaire ;
D'un seul baiser faites les frais.
Enrôlé par ce doux salaire,
Je ne déserterai jamais.

Mais n'allez pas, pour contester,
A la taille vous arrêter.
Petit ou grand, cet avantage
A la valeur n'ajoute rien ;
C'est du cœur que part le courage :
Quand on aime, on sert toujours bien.

(1) On connaît ses poëmes sur la Religion et sur la Grâce.

Mlle. SCUDÉRY.

(Elle vivait sur la fin du XVIIe. siècle).

CHANSON.

AIR *de Joconde.*

Tyrcis vous apprend des chansons
    Où le cœur s'intéresse ;
On dit qu'il y joint des leçons
    Qui parlent de tendrese :
Fuyez ce charme séducteur,
    C'est un plaisir funeste.
L'oreille est le chemin du cœur,
    Et le cœur l'est du reste.

AUTRE.

AIR : *Vous qui du vulgaire stupide.*

L'eau qui caresse ce rivage,
La rose qui s'ouvre au zéphir,
Le vent qui rit sous ce feuillage,
Tout dit qu'aimer est un plaisir.
De deux amans l'égale flamme
Sait doublement les rendre heureux,
Les indifférens n'ont qu'une ame,
Lorsque l'on aime on en a deux.

Mme. DESHOULIÈRES.

(Elle vivait sur la fin du XVIIe. siècle.)

CHANSON.

AIR :

Je croyais que la colère
Avait dégagé mon cœur :
Mais, à la moindre douceur,
J'ai bien connu le contraire.
Hélas ! un infidèle amant,
Se propose vainement
De n'aimer plus ce qu'il aime ;
S'il se mutine aisément,
Il s'appaise tout de même.

AUTRE.

AIR :

Revenez, charmante verdure,
Faites régner l'ombrage et l'amour dans nos bois.
A quoi s'amuse la nature ?
Tout est encor glacé dans le plus beau des mois.
Si je viens vous presser de couvrir ce bocage,
Ce n'est que pour cacher aux regards des jaloux
Les pleurs que je répands pour un berger volage.
Ah ! je n'aurai jamais d'autre besoin de vous !

AUTRE.

AIR;

Livrons nos cœurs aux tendres mouvemens;
N'écoutons point la chagrine vieillesse;
   Si l'amour est une faiblesse,
   On la doit permettre au printemps.
   Employons bien cet heureux temps,
Il n'en reste que trop pour la triste sagesse.

AUTRE.

AIR :

   Iris, sur la fougère,
   Dans un pressant danger,
   A son téméraire berger
   Disait toute en colère :
Qu'est devenu, Tircis, cet air respectueux,
Qui d'un parfait amant est le vrai caractère ?
Entre deux cœurs, dit-il, brûlés des mêmes feux,
   Il est certains momens heureux
   Où, ma bergère,
   Il ne faut qu'être amoureux.

AUTRE.

AIR :

   Soyons toujours inexorables,
Un amant bien traité se rend insupportable :

Il néglige l'objet dont son cœur est charmé ;
De tous les petits soins il devient incapable :
    Un amant sûr d'être aimé
    Cesse toujours d'être aimable.

    Si l'amour est inévitable,
S'il faut, pour un berger, brûler d'un feu semblable
A celui dont son cœur nous paraît consumé,
Par de feintes rigueurs rendons-le misérable :
    Un amant sûr d'être aimé
    Cesse toujours d'être aimable.

AUTRE, sur l'abbé TESTU.

AIR :

L'AVENTURE est trop ridicule
Pour ne la pas faire savoir :
Il offrait à dame incrédule
Sa chandelle, et la faisait voir.
Sans s'émouvoir, sans s'émouvoir,
La folette tira sa mule,
Et la fit servir d'éteignoir.

Au lieu de venger cette injure,
Les amours, à malice enclins,
Riaient entre eux de l'aventure
Du doyen des abbés blondins.
Ces dieux badins, ces dieux badins
Se disaient : vois-tu la coiffure
Qu'on a mise au dieu des jardins.

Mlle. DESHOULIÈRES.

(Elle vivait sur la fin du XVIIe. siècle.)

CHANSON.

Air :

Cessez de m'agiter et la nuit et le jour,
     Transports que je crains de connaître ;
          Tircis, qui vous fit naître ,
N'asservira jamais ma raison à l'amour.
Mon devoir, malgré lui, sera toujours le maître.
     Fuyez , mais fuyez sans retour ;
Mon cœur, en gémissant , vous défend de paraître ;
     Fuyez , mais fuyez sans retour.

CHANSON BACCHIQUE.

Air : *De Jean de Vert.*

Ah ! que chez le colonel Stoup
     La débauche est charmante !
On y mange, on y boit beaucoup,
     On y rit , on y chante :
Puisse-t-il sain , riche et content ,
     Vivre cinq ou six fois autant
          Que Jean de Vert !

Mon médecin, quand il me voit,
  M'ordonne d'être sage.
Selon moi, qui plus mange et boit,
  Doit l'être davantage;
Il n'est pas trop de cet avis;
Mais j'ai pour moi tout le pays
  De Jean de Vert.

  Quand je suis avec mes amis,
    Je ne suis plus malade;
C'est là que je me suis permis
    Le vin et la grillade :
N'en déplaise à monsieur Thevart.
Je n'en irai qu'un peu plus tard
    Voir Jean de Vert.

  Fi de ces esprits délicats
    Qui, prenant tout à gauche,
Voudraient bannir de nos repas
    Certain air de débauche.
Je ne l'ai qu'avec les buveurs;
Et je suis aussi froide ailleurs
    Que Jean de Vert.

  Je trouve la rime d'abord
    Lorsque Bacchus m'inspire;
Un verre rempli jusqu'au bord
    Me tient lieu d'une lyre.
Ne pouvoir plus boire du vin,
Est par où je plains le destin
    De Jean de Vert.

  Célébrons de ce doux poison
    La puissance suprême;
Il nous fait perdre la raison;
    C'est par là que je l'aime :

Elle nous tourmente toujours,
Et n'est pas d'un plus grand secours
　　Que Jean de Vert.

Lepays, ne vous jouez pas
　A la jeune Thérèse;
Qui voit de trop près ses appas
　En dort moins à son aise :
Ses yeux si doux et si brillans
Ont déjà tué plus de gens
　　Que Jean de Vert.

AUTRE.

Air :

Vous revenez suivi de Zéphir et de Flore;
La terre, sous vos pas, s'embellit chaque jour;
Mais, hélas ! beau printems, vous n'êtes pas encore
　Ce qui doit couronner mon amour.
Depuis longtemps mon cœur, ma raison, tout l'appelle;
　Il fait lui seul mes plus tendres désirs;
　Et sans lui la saison nouvelle
Ne peut-être pour moi la saison des plaisirs.

DUFRESNY.

(Il vivait sur la fin du XVIIe, siècle.)

L'AVARICIEUSE.

Air : *Réveillez-vous, belle endormie.*

Philis, plus avare que tendre,
Ne gagnant rien à refuser,
Un jour exigea de Sylvandre,
Trente moutons pour un baiser.

Le lendemain, nouvelle affaire,
Pour le berger le troc fut bon :
Il exigea de la bergère
Trente baisers pour un mouton.

Le lendemain, Philis plus tendre,
Craignant de moins plaire au berger,
Fut trop heureuse de lui rendre
Tous les moutons pour un baiser.

Le lendemain, Philis peu sage,
Aurait donné moutons et chien,
Pour un baiser que le volage
A Lisette donna pour rien.

~~~~~~~~~

LA DORMEUSE.

MÊME AIR.

RÉVEILLEZ-VOUS, belle dormeuse,
Si ce baiser vous fait plaisir :
Mais si vous êtes scrupuleuse,
Dormez, ou feignez de dormir.

Craignez que je ne vous éveille ;
Favorisez ma trahison.
Vous soupirez! . . . Votre cœur veille ;
Laissez dormir votre raison.

Souvent, quand la raison sommeille,
On aime sans y consentir :
Pourvu qu'amour ne nous réveille
Qu'autant qu'il faut pour le sentir.
~~~~~~~~~

Si je vous apparais en songe,
Jouissez d'une douce erreur :
Goûtez les plaisirs du mensonge,
Si la vérité vous fait peur.

PHILIPPE D'ORLÉANS,

RÉGENT DE FRANCE.

LE PHILOSOPHE.

CHANSON.

AIR : *Pour vivre ici sans regret.*

Pour vivre ici sans regret,
Amis, je sais un secret.
Toujours d'envie en envie,
Je vais égayant ma vie :
    Je ris, je boi ;
Les plaisirs sont faits pour moi.

La sagesse est un grand bien,
Dit un vieux qui ne peut rien ;
Mais en attendant cet âge
Où je deviendrai si sage,
    Je ris, je boi ;
Les plaisirs sont faits pour moi.

S'il ne fallait que mourir,
A rien je n'irais courir.

La mort de tout soin délivre;
Mais *item*, puisqu'il faut vivre,
   Je ris, je boi;
Les plaisirs sont faits pour moi.

   A table comme au lit,
Je sais tout mettre à profit.
Sans qu'aucuns soins me traversent,
L'Amour et Bacchus me bercent:
   Je ris, je boi;
Les plaisirs sont faits pour moi.

   Quand on est sans passions,
On vit sans tentations;
Mais moi qui ne suis pas dupe,
A succomber je m'occupe:
   Je ris, je boi;
Les plaisirs sont faits pour moi.

~~~~~

LES DIFFERENS ÉTATS.

PAROLES ET MUSIQUE DU RÉGENT.

A I R :

   I N S E N S É S ! nous ne voyons pas
Les chagrins des autres états,
Et nous voulons changer le nôtre
Souvent contre celui d'un autre
A qui le sien déplait autant;
   Et voilà comme
   L'homme
N'est jamais content.
~~~~~

Heureux le petit Colet,
Dit le marquis avec regret!
Mais sous cet habit qui le gêne,
L'abbé qui le porte avec peine,
Trouve son rôle rebutant;
　　Et voilà comme
　　　L'homme
　　N'est jamais content.

Que le marchand fait de bons coups,
Dit le rentier d'un ton jaloux!
L'autre dit que dans le commerce,
Tout le trahit, tout le traverse,
Qu'il ne voit plus d'argent comptant! (1)
　　Et voilà comme
　　　L'homme
　　N'est jamais content.

L'hymen a-t-il joint, par ses nœuds,
L'amant à l'objet de ses vœux,
L'épouse perd sa bonne mine;
L'époux trouve chez la voisine
Je ne sais quoi de plus tentant;
　　Et voilà comme
　　　L'homme
　　N'est jamais conteut.

Lorsqu'à Tircis, pour l'appaiser,
Cloris laisse prendre un baiser,
Il veut une faveur plus grande:
Plus il obtient, plus il demande;
Ses désirs vont en augmentant;
　　Et voilà comme
　　　L'homme
　　N'est jamais content.

(1). C'était le temps des Billets de Law.

L'enfant voudrait devenir grand,
Le vieillard être adolescent,
La fille être femme et puis veuve,
La veuve se donner pour neuve,
La vieille fixer un amant ;
      Et voilà comme
          L'homme
N'est jamais content.

L'HOMME ÉGAL AUX DIEUX PAR LE PLAISIR.

Air :

L'austère philosophie,
En contraignant nos désirs,
Prétend que dans cette vie
Il n'est point de vrais plaisirs.
Je renonce à ce système :
Dieux, n'en soyez point jaloux !
Dans les bras de ce que j'aime,
Suis-je moins heureux que vous ?

Eh quoi ! m'avez-vous fait naître
Avec des sens superflus ?
Pour avoir le plaisir d'être,
Faut-il que je ne sois plus ?
Je renonce à ce système :
Dieux, n'en soyez point jaloux !
Dans les bras de ce que j'aime,
Suis-je moins heureux que vous ?

D'un bonheur imaginaire,
Je ne repais point mon cœur,
Lorsque le présent peut faire
Mon unique et vrai bonheur.

Voilà quel est mon système :
Dieux, devenez-en jaloux !
Dans les bras de ce que j'aime,
Je suis plus heureux que vous.

~~~~~~

REGNARD. (1)

PORTRAIT DE SOPHIE.

AIR : *Pour la Baronne.*

Pour Emilie,
Qu'un autre se laisse enflammer ;
Si je n'avais pas vu Sophie,
Je pourrais me laisser charmer
Par Emilie.

Sur son visage,
Mille petits trous pleins d'appas,
Des Amours sont le tendre ouvrage,
Sans compter ceux qu'on ne voit pas
Sur son visage.

Sa gorge ronde
Est de marbre, à ce que je croi ;
Car mortel encor, dans le monde,
N'a vu que des yeux de la foi
Sa gorge ronde.

(1) *Voyez* dans le Recueil de ses œuvres de son
Voyage de Chaumont, en 40 couplets, dont le refrain
est :

« Vive du Vaulx, et le bon vin,
» Et le bon vin, »

~~~~~~

LE PRÉSIDENT HÉNAUT.

LE RETOUR DE L'AGE D'OR.

CHANSON.

AIR:

Pourquoi regretter ces beaux jours
Où l'Amour seul était le maitre ?
Ce temps dépend de nos amours,
Et nos cœurs le feront renaitre.
Aimons, aimons, nous reverrons encor
Le temps heureux de l'âge d'or.

Dans nos champs, nous voyons les fleurs
Aussi belles qu'au premier âge ;
La rose a les mêmes couleurs,
Les oiseaux le même ramage.
Aimons, etc.

Philomèle, encore au printems,
Chante dans les plaines fleuries ;
Les ruisseaux, comme aux premiers tems,
Parlent d'amour à nos prairies.
Aimons, etc.

Zéphir, des mêmes feux épris
Sent pour Flore une ardeur égale ;
Pour caresser les jeunes lys,
L'abeille est aussi matinale.
Aimons, etc.

LE CACHET.

(A une dame, en lui envoyant une pierre antique.)

Air : *Du haut en bas.*

Sous ce cachet,
Tu peux m'écrire sans scrupule,
Sous ce cachet :
L'Amour le fit pour le secret ;
Il le grava du temps de Jule.
Lesbie écrivait à Catulle,
Sous ce cachet.

LA CONSTANCE.

Air : *Ne v'la-t-il pas que j'aime.*

Il faut, quand on aime une fois,
Aimer toute sa vie :
Le bonheur dépend d'un beau choix,
Et j'ai choisi Sylvie.

Vénus, fléchissez sa rigueur ;
Son empire est le vôtre :
Ses regards font plus sur un cœur,
Que les faveurs d'une autre.

Un cœur qui s'est laissé charmer
Goûte un bonheur suprême ;
Le plaisir qu'on sent à s'aimer,
Ajoute à l'amour même.

Tout ce qu'on voit en ces beaux lieux,
       Nous vante sa constance;
Les Amours même les plus vieux
       Ont l'air de l'espérance.

Le même rameau, tous les ans,
       Revoit ses tourterelles :
Le bonheur de vivre constant
       N'est-il fait que pour elles?

Pour Céphale on a vu couler
       Les larmes de l'Aurore;
Le temps n'a pu la consoler :
       Elle en répand encore.

Le ruisseau, fidèle à son cours,
       Arrose la prairie;
Déjà du fruit de leurs amours
       Cette épine est fleurie.

~~~~~~~~~~~~~~~~~~~~~~~~~~~~~~~~~~~~~~

CRÉBILLON PÈRE.

CHANSON.

Air : *Adieu donc, cher Latulipe.*

La beauté toujours nouvelle
Rend mon feu toujours nouveau.
J'aimerai jusqu'au tombeau
Mon aimable tourterelle;
Et si l'ame est immortelle,
       Nos amours
       Dureront toujours.
~~~~~~~~~~~~~~~~~~~~~~~~~~~~~~~~~~~~~~

FONTENELLE,

(Né le 11 février 1657, il mourut le 9 janvier 1757, âgé de cent ans moins trente-deux jours).

CHANSON (à une jolie pâtissière.)

Air : *On compterait les diamans.*

Chacun doit avec son état
Avoir un peu d'analogie :
C'est ce qui fait avec éclat
L'éloge de nôtre Marie.
De tout ce qui la fait chérir
Veut-on dire un mot à la hâte,
Il suffira de convenir
Qu'elle est d'une excellente *pâte*.

Bien pétrir est un beau talent,
Aux gens de goût faisant envie,
Et que le Ciel avait vraiment
Quand il créa notre Marie :
Chez elle avec le sentiment
La vertu se montre assortie ;
Et nous devons, sans compliment,
Convenir qu'elle en est *pétrie*.

Cependant il faut, par malheur,
Blâmer en elle une manie ;
Mais qui fait l'éloge du cœur
De nôtre excellente Marie :

Puisqu'il faut vous le dire enfin,
On peut l'accuser de caprice;
Car elle aurait bien du chagrin
De voir que chez elle on *pâtisse*.

LAINEZ. (1)

(Il naquit en 1650, et mourut le 18 avril 1710.)

CHANSON BACCHIQUE.

AIR:

CHARMANT salon, vue agréable,
Vous m'offrez sans soin, sans souci,
Tous mes meilleurs amis à table.
Plaisirs, accourez tous ici.
    Qu'une muse badine
    Vienne, le verre en main,
Nous montrer comme on boit ce délicieux vin.
    Et vous, raison chagrine,
    Adieu, jusqu'à demain.

(1) On connaît son *Portrait de M.me Martel*,
et son *Pouvoir de l'amour*, commençant par ce
vers :

« Un ruisseau m'endormait en tombant dans la Seine. »

5..

LE SONGE.

CHANSON.

AIR :

L'AURORE à peine ouvrait les cieux,
Qu'un songe officieux
Me mit entre les bras une jeune inhumaine.
Qu'il m'a dans un instant étalé de trésors !
Quels feux ! quels plaisirs ! quels transports !
Que je serais heureux, Climène,
Si je veillais comme je dors !

PRIÈRE AU VIN.

CHANSON.

AIR :

CHARMANT nectar, pour soulager mes peines,
Allez adoucir la rigueur
De l'objet qui fait ma langueur ;
Coulez dans ses aimables veines.
Quel sera mon bonheur
Si vous servez mes amourettes !
Si comme vous, par des routes secrètes,
Je puis trouver le chemin de son cœur !

(*Voyez* l'article SEVBIN.)

DE LA MONNOIE.

LE PROCÈS.

Air *des Triolets.*

Si je ne gagne mon procès,
Vous ne gagnerez pas le vôtre ;
Vous n'aurez pas un bon succès,
Si je ne gagne mon procès.
Vous ayez chez moi libre accès :
J'en demande chez vous un autre.
Si je ne gagne mon procès,
Vous ne gagnerez pas le vôtre.

FUZÉLIER.

DEMAIN.

Air : *Nous autres bons villageois.*

DEMAIN est un jour qui fuit,
Lorsque vous croyez qu'il s'avance ;
Au milieu de chaque nuit
Il perd son nom dans sa naissance.
Lorsqu'on croit se saisir de lui,
On trouve que c'est aujourd'hui.
Jusqu'à ce jour aucun humain
N'a pu voir arriver demain.

GRÉCOURT.

CHANSON (à Mademoiselle ***.)

AIR :

Pour un baiser ravi faut-il tant de colère?
Ce larcin indiscret que l'amour m'a fait faire,
   Charmante Églé, relève vos appas :
Cette aimable rougeur, ce timide embarras,
Vous rendent mille fois plus certaine de plaire.

Le tendre papillon, sur les fleurs les plus belles,
En dérobant l'éclat dont il orne ses ailes,
   Par cent baisers ranime leurs couleurs,
Et bien loin, comme moi, d'éprouver des rigueurs,
Les fleurs semblent briguer des caresses nouvelles.

AUTRE.

AIR :

Lisette est faite pour Colin,
   Et Colin pour Lisette;
Il est volage, il est badin,
   Elle est vive et coquette;
Colin tolère ses rivaux,
   Lisette ses rivales.
Il prime parmi ses rivaux,
   Elle, entre ses égales.

Lisette amuse mille amans,
  Colin toutes les belles ;
Tous deux en amour sont constans,
  Et tous deux infidèles ;
Il est le plus beau du hameau,
  Comme elle est la plus belle ;
Colin ressemble au franc moineau,
  Lisette à l'hirondelle.

Sans soupirer et sans languir,
  Ils amusent l'absence,
Par les plaisirs du souvenir
  Et ceux de l'espérance ;
Quoiqu'ils dissipent leur chagrin
  Par quelqu'autre amourette,
Lisette revient à Colin
  Et Colin à Lisette.

S'il naît quelque dispute entr'eux,
  C'est un léger orage :
Qui, bien loin de briser leurs nœuds
  Les serre davantage.
Quel tort pourraient-il se donner,
  Egalement coupables ?
Ah ! pour ne pas se pardonner
  Tous deux sont trop aimables.

Les soupçons jaloux, les soupirs
  Ne troublent point leurs chaînes ;
D'amour ils goûtent les plaisirs
  Sans en craindre les peines.
Amans, voulez-vous vivre heureux,
  Prenez-les pour modèle,
Et n'imitez point dans vos feux
  La triste tourterelle.

CHANSON BACCHIQUE.

AIR : *Amis, nous faut faire une pause.*

Amis, restons longtemps à table,
La nuit est le temps de la paix.
Tout dort, le juge et le procès,
Et le créancier redoutable.
Ah ! la suprême volupté
Est de renouveler chopine,
En songeant à qui l'on destine
Le revenu de sa santé.

Amis, restons longtemps à table ;
Il faut punir notre raison.
Tout le jour elle est de saison,
Et n'en est pas plus secourable.
Ah ! la suprême volupté, etc.

Amis, restons longtemps à table ;
Le sommeil prend trop sur nos jours,
En veillant, on double le cours
D'une vie, hélas ! peu durable.
Ah ! la suprême volupté, etc.

Amis, restons longtemps à table,
La bulle ne le défend point :
C'est peut-être dans ce seul point
Que ce décret est recevable.
Ah ! la plus douce volupté, etc.

AUTRE.

L'ISLE DE CYTHÈRE.

AIR: *L'amour, la nuit et le jour.*

C'EST un charmant pays,
Que l'île de Cythère,
Allons-y, mon Iris,
Tout à notre aise faire
　　L'amour,
　La nuit et le jour.

Point de nouveaux impôts
Dans l'île de Cythère,
Si non sur des lourdaux,
Qui ne savent pas faire
　　L'amour,
　La nuit et le jour.

Point de nouvel édit
Dans l'île de Cythère;
La seule loi qu'on suit
N'ordonne que de faire
　　L'amour,
　La nuit et le jour.

(*Neuf autres couplets pareils.*)

Point d'austères leçons
Dans l'île de Cythère;
Mères et filles *ont*
Pareils désirs de faire
　　L'amour,
　La nuit et le jour.

VOLTAIRE. (1)

Voltaire a fait quelques Noëls, qui ne peuvent trouver place ici.

L'AMANT TIMIDE.

Air:

Pour soumettre mon ame
A l'empire des plaisirs,
Un berger plein de flame
M'entretient de ses désirs :
Pas à pas son feu le guide
Vers la route des faveurs ;
Mais son cœur, encor timide,
N'ose braver mes rigeurs.

La sagesse, trop fiére,
Me défend de l'écouter ;
Et pour la faire taire,
L'ingrat n'ose encor tenter.
Que n'a-t-il assez d'adresse
Pour dérober au devoir
La preuve d'une faiblesse
Que je n'ose laisser voir.

----

(1) On connaît ses charmantes Stances, commençant par ces vers :

« Si vous voulez que j'aime encore,
» Rendez-moi l'âge des amours, etc. »

Quand d'un œil moins sévère
Je flatte ses tendres feux,
Son embarras diffère
L'instant de le rendre heureux;
Il craint, il tremble, il hésite,
Il avertit ma fierté.
Et la cruelle en profite
Pour bannir la volupté.

Hier, à la victoire
Marchant plus rapidement,
Il atteignait la gloire
Dont on couronne un amant.
Que n'osait-il davantage!
Encore un pas seulement,
Ma raison faisait passage
Au plaisir du sentiment.

~~~~~

A Mlle ✱✱✱, dont l'amant s'était noyé
à cause de son infidélité.

Air: *Nous sommes précepteurs d'amour.*

Eglé, je jure à vos genoux
Que, s'il faut, pour votre inconstance,
Noyer ou votre amant ou vous,
Je vous donne la préférence.

~~~~~

LES TROIS PLAISIRS DE LA VIE.

Air : *Est-il de plus douces odeurs.*

J'ai cinquante ans ; j'ai le désir
    De vivre en homme sage ;
J'ai consulté sur le plaisir
    Qui convient à mon âge ;
En secret j'ai vu tour à tour,
    Sur ce point nécessaire,
Apollon, Bacchus et l'Amour :
    On ne pouvait mieux faire.

L'Amour m'a dit : il faut aimer.
    Et le Dieu de la treille,
Qu'un berger ne doit s'enflammer
    Qu'auprès de sa bouteille.
A chanter Glycère et le vin
    Apollon met sa gloire ;
D'où je conclus qu'il faut sans fin
    Chanter, aimer et boire.

GENTIL BERNARD.

—

LA NUIT D'ÉGLÉ.

CHANSON.

Air :

    O nuit, dure autant que ma vie !
L'aube du jour me fait trembler :
Ton ombre va m'être ravie,
Et les amours vont s'envoler.

Églé dans mes bras se repose,
J'attends, j'enchaine mes désirs.
Hélas! c'est l'amour qui le cause,
Ce sommeil, enfant des plaisirs.

Par cette lampe du mystère,
Je vois mille charmes divers;
Et si l'astre du jour m'éclaire,
Je ne verrai que l'univers.

Amour, toi dont le trait rapide
Vole aussi prompt que le regard,
Donne à Titon les feux d'Alcide,
L'Aurore arrivera plus tard.

Mais je vois peindre la lumière.
Ce rayon va nous découvrir;
Eglé ferme encor sa paupière,
Celle des jaloux va s'ouvrir.

Hâte-toi, sommeil, je t'implore;
Souffre que je règne à mon tour.
Quitte les beaux yeux que j'adore,
Pour y faire place à l'amour.

Des jeux plus doux que tes mensonges
Préviendront encor le Soleil;
Eglé, chassons l'erreur des songes,
Par les vérités du réveil.

AUTRE.

LA CAGE.

AIR:

Deux bergères, pour faire usage
De l'amusement des beaux jours,
Allaient chasser dans le bocage
Ces oiseaux qu'on appelle Amours.

Doris, d'une course rapide,
Osa, sans crainte, en approcher ;
Eglé, d'un pas lent et timide,
Dans un buisson fut se cacher.

De filets, l'une environnée
Voulait enlever tout l'essaim ;
L'autre, dans ses vœux plus bornée,
N'avait qu'une cage à la main.

Bientôt, auprès de nos bergères,
Tout le peuple ailé répandu
Vola sur les branches légères
Du piége qu'on avait tendu.

Doris en vit approcher mille,
Qu'effraya l'appât suborneur.
Dans sa cage, Eglé, plus habile,
En prit un qui fit son bonheur.

AUTRE.

LE BUVEUR ET L'AMANTE.

AIR:

LE BUVEUR.

Verse Corine, verse encore ;
Le nectar coule de ta main ;
La soif qui brûle dans mon sein
Naît de l'amour qui me dévore.

L'AMANTE.

Non, je suis jalouse à mon tour
D'un larcin fait à ma tendresse ;
Je sens que j'ôte à ton amour
Ce que j'ajoute à ton ivresse.

LE BUVEUR.

Non, ma Corine ; c'est pour toi
Que Bacchus échauffe mon ame.
Verse ; chaque coup que je boi
Est un nouveau trait qui m'enflame.

L'AMANTE.

Je vois de moment en moment
Que ta faible raison s'altère ;
Et l'amour est un sentiment
Qu'il faut que la raison éclaire.

LE BUVEUR.

Je bois, mais je n'en vois que mieux
Ces traits, cette beauté divine.
Sais-tu qu'à chaque instant Corine
S'embellit encor à mes yeux ?

L'AMANTE.

Pour toi ma faiblesse est extrême.
Ton bonheur n'est-il pas le mien ?
Boîs, puisque ta flamme est la même,
Bois toujours, si tu m'aimes bien.

———

(*Voyez*, dans le Recueil de ses
OEuvres, ses jolies pièces : *la Rose*,
l'Amour fouetté, *l'Amant discret* et
autres.)

PIRON.

———

CHANSON BACCHIQUE.

Air :

Amour, adieu pour la dernière fois ;
Que Bacchus avec toi partage la victoire :
La moitié de ma vie a coulé sous tes lois ;
J'en passerai le reste à boire.
Tu voudrais m'arrêter en vain ;
Nargue d'Iris et de ses charmes !
Ton funeste flambeau s'est éteint dans mes larmes ;
Que celui de mes jours s'éteigne dans le vin !

AUTRE CHANSON

Air: *Cahin, caha.*

Dans ma jeunesse,
Cythère fut la cour
Où je fis mon séjour :
Sur l'échelle d'amour
Je montais nuit et jour,
Et remontais sans cesse.
Aujourd'hui ce n'est plus cela.
Sérieux et grave,
Du régime esclave,
Je lis Boërhaave,
Descends dans ma cave,
Et remonte cahin, caha,
Et remonte cahin, caha.

VAUDEVILLE DES ENFANS DE LA JOIE.

Air :

Iris dit souvent à Léandre :
Eloigne-toi ; je suis trop tendre !
Tes feux me joueraient quelque tour.
Le berger voudrait s'en défendre ;
Mais en fuyant il fait sa cour.
Rien n'est si poltron,
Flon, flon, flon, ton relon ton, ton.
Rien n'est si poltron que l'Amour.

Cueillant seule au bois la noisette,
Quoiqu'elle en eût plein sa pochette,

Et qu'elle en eût pour plus d'un jour,
Lise n'était point satisfaite,
Et se plaignait de son amour.
　　　　Rien n'est si glouton,
Flon, flon, flon, ton relon ton, ton,
Rien n'est si glouton que l'Amour.

Sous son petit panier, Jeannette,
Tenait cachée une fauvette;
Colin rôda tant à l'entour,
Qu'il l'attrapa, puis fit retraite:
On l'appelle en vain; il est sourd.
　　　　Rien n'est si fripon,
Flon, flon, flon, ton relon ton, ton,
Rien n'est si fripon que l'amour.

VAUDEVILLE DES COURSES DE TEMPE.

AIR *du Prévôt des Marchands.*

PEU de choses arrête le cours
De la fortune et des amours;
Dans l'une et dans l'autre carrière,
Après mille et mille embarras,
Souvent l'on n'a qu'un pas à faire,
Par malheur on fait un faux pas.

Un berger qui courait gaiment,
Du triomphe vit le moment;
Tout près d'atteindre sa bergère,
Il étendait déjà les bras;
Il n'avait plus qu'un pas à faire,
Par malheur il fit un faux pas.

Une simple et jeune beauté
Ne fuyait que par vanité,
Son berger n'y comptait plus guère,
De la poursuivre il était las ;
Elle n'avait qu'un pas à faire,
Exprès elle fit un faux pas.

Une prude approchait du temps
Qui fait taire les médisans ;
Son honneur, antique et sévère,
Nous regardait du haut en bas ;
Il n'avait plus qu'un pas à faire,
Par malheur il fit un faux pas.

Un trafiquant, dans son état,
Sur l'honneur était délicat ;
Les autres faisaient leurs affaires,
Lui seul ne s'enrichissait pas ;
A l'exemple de ses confrères,
Par bonheur il fit un faux pas.

Dans le cirque des beaux esprits,
Plus d'un coureur manque le prix ;
D'un parterre envain on l'espère,
Même après bien des brouhahas,
Si, n'ayant plus qu'un pas à faire,
Par malheur, on fait un faux pas.

BOUTADE, A SA MAITRESSE.

Air : *Amans, votre bonheur.*

Vénus a moins d'attraits
Que celle qui m'enchante ;
Le printemps est moins frais,
L'aurore moins brillante ;

Que sa chaîne est charmante !
Mais comment l'engager ?
L'onde est moins inconstante,
Et le vent moins léger.

L'amant le plus parfait
N'a point de privilége ;
Qu'il soit jeune et bien fait,
Que sans cesse il l'assiége,
Mérite, ni manége,
N'ont pu la réformer !
Comment la fixerai-je,
Moi qui ne sais qu'aimer ?

N'importe, mon amour,
Va l'attendre au passage ;
Et si du sien, un jour,
J'obtiens le moindre gage,
D'un siècle d'esclavage
J'aurai reçu le prix ;
Et c'est, sur la volage,
Toujours autant de pris.

L'AMANT AVISÉ.

AIR : *On compterait les diamans.*

Pour satisfaire à tous mes vœux,
C'est trop peu que d'une amourette ;
Je fais tour à tour les doux yeux
A la vestale, à la coquette ;
Voilà le sort le plus heureux
Où l'homme à mon gré puisse atteindre :
La vestale allume les feux,
Et l'autre sert à les éteindre.

COLLÉ.

LES BISARRERIES DE L'AMOUR.

VAUDEVILLE.

Air : *C'est un enfant, c'est un enfant.*

L'Amour, suivant sa fantaisie
Ordonne et dispose de nous ;
Ce dieu permet la jalousie,
Et ce dieu punit les jaloux.
    Ah ! pour l'ordinaire (1)
    L'amour ne sait guère
Ce qu'il permet, ce qu'il défend,
C'est un enfant, c'est un enfant.

L'Amour ordonne que pour plaire
L'on soit sensible et délicat ;
Il fait réussir au contraire
En étant insensible et fat.
    Ah ! pour l'ordinaire, etc.

Un jour, ce dieu veut qu'on soit tendre,
Et donne tout au sentiment ;
Un autre jour, il fait entendre
Que c'est s'y prendre gauchement.
    Ah ! pour l'ordinaire, etc.

---

(1) Ce refrein a été employé par J.-J. Rousseau,
pour le vaudeville de son charmant *Devin du Village.*
Collé lui avait donné le refrain et la mesure des vers
de ces couplets.

L'Amour veut de la résistance,
Pour nous rendre plus amoureux;
Et quelquefois ce dieu dispense
De résister un jour ou deux.
Ah! pour l'ordinaire, etc.

C'est un petit dieu sans cervelle,
L'on ne sait comment il l'entend;
Il ordonne d'être fidèle,
Mais il permet d'être inconstant.
Ah! pour l'ordinaire, etc.

L'Amour veut que l'on soit modeste;
Il permet d'être avantageux.
Souvent il s'offense d'un geste;
Un geste souvent rend heureux.
Ah! pour l'ordinaire, etc.

BRANLE A DANSER.

Air: *V'là c'que c'est que d'aller au bois.*

L'autre jour Blaise m'embrassa,
Ah! pass' pour ça, ah! pass' pour ça;
Mais après cette gaîté là
Voyant maitre Blaise
Se mettre à son aise,
Je lui dis: Compère, alte-là,
Oh! fort peu d'ça, oh! fort peu d'ça.

Je lui dis: Compère, alte-là,
Oh! fort peu d'ça, oh! fort peu d'ça;
Mais à peine eus-je dit cela
Que Blaise me bouche
D'un baiser la bouche;
Je trouvai plaisant ce tour-là:
Oh! pass' pour ça, oh! pass' pour ça;

Je trouvai plaisant ce tour-là :
Oh! pass' pour ça, oh! pass' pour ça.
Mais à mes pieds il se jeta,
    Et fit des demandes
    De faveurs plus grandes.
Vous jugez comme on l'écouta,
Oh! fort peu d'ça, oh! fort peu d'ça.

Vous jugez comme on l'écouta,
Oh! fort peu d'ça, oh! fort peu d'ça;
Mais, par un hasard, ce jour-là,
    Ayant une entorse,
    Il me prit par force,
Malgré moi, qui voulais bien ça;
Ah! pass' pour ça, ah! pass' pour ça.

(Deux autres couplets. Voyez-les dans son Recueil.)

~~~~~

VAUDEVILLE *des Vendanges de la Folie.*

    CHANTONS le dieu de la vendange,
Que sous ses lois l'amant se range,
Puisque le plus souvent Vénus
Doit ses conquêtes à Bacchus.
    On rend la vie aimable,
    En passant tour à tour
    Des plaisirs de la table
    Aux plaisirs de l'amour.

    Un peu de vin rend plus jolie,
Le vin donne de la saillie,
Le vin fait dire des bons mots
Et tenir de galans propos.
    On rend la vie aimable, etc.

    Le vin rend l'amant intrépide,
Il rend l'amante moins timide;
~~~~~

A l'un il fait tout hasarder,
A l'autre il fait tout accorder.
          On rend la vie aimable, etc.

Entre deux ou quatre convives,
Le vin rend les scènes plus vives;
Un petit souper libertin
Vaut cent fois mieux qu'un grand festin.
          On rend la vie aimable, etc.

Le vin dans le sommeil vous plonge,
Ce sommeil vous fait naître un songe
Qui vous revient pendant le jour,
Et qui fait naître enfin l'amour.
          On rend la vie aimable, etc.

FADEUR.

AIR:

Quand vous levez les yeux,
Philis, vers les cieux,
Vous embrâsez les Dieux.
          Mars fougueux
     Devient langoureux.
     Saturne le vieux
Sent renaître ses feux.
Vulcain, ce dieu boiteux,
          Brûle pour eux.
Phébus aux blonds cheveux
          Forme des vœux;
     Et Jupin amoureux
          Quitte les cieux
Sans faire à son épouse ses adieux.
Abaissez, Philis, vos regards cruels;
Contentez-vous que l'encens des mortels
          Brûle sur vos autels,
Et laissez-là ces pauvres immortels.

LA PETITE OBSTINÉE.

A i r : *Cela m'est bien dur.*

Je ne serais pas la plus forte,
Dit Jeanne, la fille à Thomas;
Quand Nicolas frappe à ma porte,
Je n'ouvre point à Nicolas.
Je fais toujours à sa tendre semonce
    La même réponse :
Nicolas vous perdez vos pas,
        Vous n'entrerez pas.

Jeudi, la petite éveillée
Ayant manqué de s'enfermer,
Laissa la porte entrebâillée,
Et Nicolas vint pour l'aimer.
Elle, oubliant que sa porte est ouverte,
        Elle lui dit : Certe,
Nicolas, vous n'entrerez pas,
        Vous perdez vos pas.

Je suis dans ta chambre, et j'admire,
Lui dit-il, ton air assuré.
Je n'entrerai pas?.... C'est pour rire :
Comment ! ne suis-je pas entré?
Non, je sais, dit-elle avec un sourire,
        Ce que je veux dire.
Nicolas, vous n'entrerez pas ;
        Vous perdez vos pas.

S'obstinant dans la négative,
Jeanne proposait le pari,
Quand une douleur assez vive
Lui fit jeter un petit cri ;
Malgré cela, son esprit de chicane
        Faisait dire à Jeanne :
Nicolas, etc.

Lorsqu'on entend crier Jeanne,
Et qu'on voit son entêtement,
Il ne faut pas qu'on la condamne;
Cela n'est pas sans fondement.
Non ce n'est point par pure singerie
    Que cette enfant crie :
Nicolas, vous perdez vos pas,
    Vous n'entrerez pas.

AMPHIGOURI.

AIR *du menuet de la Pupille.*

Qu'il est heureux de se défendre
Quand le cœur ne s'est pas rendu!
Mais qu'il est fâcheux de se rendre
Quand le bonheur est suspendu!
Par un discours sans suite et tendre,
Égarez un cœur éperdu;
Souvent par un mal entendu,
L'amant adroit se fait entendre.

J.-J. ROUSSEAU.

LES BISARRERRIES DE L'AMOUR.

VAUDEVILLE DU DEVIN DU VILLAGE.

AIR *de celui de Collé.*

L'**ART** à l'amour est favorable,
Et sans art l'amour sait charmer.
A la ville on est plus aimable;
Au village on sait mieux aimer.

Ah! pour l'ordinaire,
L'Amour ne sait guère
Ce qu'il permet, ce qu'il défend;
C'est un enfant, c'est un enfant.

Ici, de la simple nature,
L'Amour suit la naïveté;
En d'autres lieux, de la parure,
Il cherche l'éclat emprunté.
Ah! pour l'ordinaire, etc.

Souvent une flamme chérie
Est celle d'un cœur ingénu;
Souvent par la coquetterie
Un cœur volage est retenu.
Ah, pour l'ordinaire, etc.

A voltiger de belle en belle,
On perd souvent l'heureux instant;
Souvent un berger trop fidèle
Est moins aimé qu'un inconstant.
Ah! pour l'ordinaire, etc.

L'Amour, suivant sa fantaisie, (1)
Ordonne et dispose de nous:
Ce dieu permet la jalousie,
Et ce dieu punit les jaloux.
Ah! pour l'ordinaire, etc.

A son caprice on est en butte;
Il veut les ris, il veut les pleurs;
Par les rigueurs on le rebute,
On l'affaiblit par les faveurs.
Ah! pour l'ordinaire, etc.

———

(Voyez l'*Amant désabusé*, de
J.-J. Rousseau.

(1) Couplet copié du premier du Vaudeville de Collé.

6..

SAURIN.

VAUDEVILLE (adressé à Collé).

Air : *Un Chanoine de l'Auxerrois.*

Jadis à table entre les pots,
Roulaient et couplets et bons mots.
   Cette joie est bannie;
Le bon air, hélas! dans Paris,
Déclare roturiers les ris;
   Décemment on s'ennuie;
Ceux qui se disent du bon ton,
Ne veulent plus qu'on chante : zon,
     Et bon, bon, bon,
     Que le vin est bon !
     Il console la vie.

  De Momus, joyeux favori,
Qui chez Michaut menant Henri,
   Les fais trinquer à table,
Crois-tu que ce fameux héros,
Par sa bonté, par ses propos,
   A jamais adorable,
Serait aujourd'hui du bon ton,
Lui qui, simplement grand et bon,
     Chanterait : zon,
     Que le vin est bon,
     Près d'un objet aimable!

  Devant l'italique fredon
A fui la bacchique chanson,
   Et le gai vaudeville;
Tout d'un temps a fui loyauté :

Plutus est le seul dieu fêté
    A la cour, à la ville;
Et dans nos meilleures maisons,
Gens bariolés de Cordons,
    Disent tout haut :
    C'est de l'or qu'il faut,
    L'honneur est inutile.

  Mon cher Collé; mon vieil ami,
Toi qui si long-temps as gémi
    Du triste goût moderne,
Qu'à l'anglaise, des furieux
Descendent en bravant les cieux
Aux gouffres de l'Averne !
Mais nous, des roses du printemps,
Couronnons l'hiver de nos ans;
    Et si jamais
    Nous mourons exprès,
  Consentons qu'on nous berne.

  Malgré le siècle où nous vivons,
Osons donner pour compagnons
    Les ris à la vieillesse;
A l'exemple d'Anacréon ;
Il faut dans l'arrière saison,
    Egayer la sagesse;
Et souvent, le verre à la main,
Dire à Philis : objet divin ;
    Versez tout plein ,
    Beaux yeux et bon vin ,
    Rappellent la jeunesse.

LA LOI D'ÉPICURE.

CHANSON.

Air:

Vous qui du vulgaire stupide
Voulez écarter le bandeau,
Prenez Epicure pour guide
Et la nature pour flambeau.
Il n'invente point de systèmes,
Il ne fait que bannir l'erreur :
Et, si nous rentrons en nous-mêmes,
Epicure est dans notre cœur.

La nature prudente et sage
N'a jamais rien produit en vain;
Nos sens ont chacun leur usage,
Et nous devons tendre à leur fin.
Pour nous l'enseigner, la nature
Nous a fait présent du désir;
Par une route toujours sûre,
Il nous mène droit au plaisir.

Mais le plaisir cesse de l'être,
Dès qu'il cesse d'être goûté :
La débauche ne peut paraitre
Sans faire fuir la volupté.
Qu'accompagné de la tendresse,
L'Amour soit fils du Sentiment,
Et que Bacchus, laissant l'ivresse,
N'ait avec lui que l'enjoûment.

Ton cœur est épris de Thémire,
Thémire est sensible à son tour;
Tous deux, dans un commun délire,
Cueillez les roses de l'amour.

A servir l'ardeur de vos flammes.
Employez l'été de vos ans,
Et qu'à l'ivresse de vos ames,
Se joigne celle de vos sens.

Que les ardeurs de la jeunesse
Se tempèrent avec Vénus ;
Que les glaces de la vieillesse
Se réchauffent avec Bacchus.
La vie est un instant qui passe,
Malgré nous il va s'envoler ;
Remplissons-en du moins l'espace
Ne pouvant pas le reculer.

PANNARD (1).

RONDE DE TABLE (rajustée par Collé.)

Air : *Du Prévôt des Marchands.*

Messieurs , chantez tous avec moi
Celui qui donne ici la loi ;
Quand il sert de ce jus d'automne ,
Son plaisir dans ses yeux se voit ;
Il est charmé quand il en donne ;
Il est charmant quand il en boit.

Quand il sable un nectar si doux ,
Et qu'il nous en fait boire à tous ,
A ce plaisir il s'abandonne ,
Il en fait prendre , il en reçoit ;
Il est charmé, etc.

(1) Tout le monde connaît sa *Description de l'O-*
péra, insérée dans l'Almanach des Muses de 1766.

Il verse de la même main
Ses bienfaits ainsi que son vin,
Et sa bonté tendre assaisonne
Les biens, le vin qu'on en reçoit.
Il est charmé, etc.

Aux plaisirs de la table il joint
Ceux dont je fais mon second point;
Au cœur d'une jeune personne,
Par ce nectar il va tout droit.
Il est charmé, etc.

Par un salut universel,
Célébrons ce charmant mortel;
De nous il est temps qu'il reçoive
Le bacchique honneur qu'on lui doit.
Il est charmé que l'on en boive;
Il est charmant quand il en boit.

~~~~

CHANSON.

AIR: *Sexe charmant.*

SEXE charmant, dans votre chaine
Votre puissance nous entraine:
Vous nous blessez là.
Pour satisfaire vos envies
Combien faisons-nous de folies!
Vous nous timbrez là.
Votre dépense, non bornée,
Fait que vingt fois dans la journée,
Il faut fouiller là :
Mais, malgré ce qu'il nous en coûte,
Il vient un rival qu'on écoute:
Vous nous plantez là.

~~~~

AUTRE.

AIR: *Du Confiteor.*

J'AIME Bacchus, j'aime Manon ;
Tous deux partagent ma tendresse.
Tous deux ont troublé ma raison,
Par une aimable et douce ivresse.
Ah ! qu'elle est belle. Ah ! qu'il est bon !
C'est le refrain de ma chanson.

Quand le vin coule dans mon cœur,
Et que ma mignonne est présente,
Je ressens une vive ardeur,
Et, dans mon transport, je chante :
Ah! qu'elle est belle ! Ah ! qu'il est bon !
C'est le refrain de ma chanson.

Nanette, jeune , brûlant d'amour,
Me rend le vin plus agréable ;
Le vin, par un juste retour,
La rend à mes yeux plus aimable.
Ah ! qu'elle est belle ! etc.

En partageant ainsi mes vœux,
Mon cœur en est plus à son aise :
Quand il me manque l'un des deux,
L'autre me soulage et m'appaise.
Ah ! qu'elle est belle ! etc.

De Manon , si j'avais le cœur,
Lui seul pourrait me satisfaire ;
Mais ses refus ou sa rigueur
Me rendent le vin nécessaire.
Ah ! qu'elle est belle !

Des maux qu'elle me fait souffrir,
C'est ce nectar qui me délivre.
Vingt fois elle me fait mourir ;
Vingt fois Bacchus me fait revivre.
Ah ! qu'elle est belle ! etc.

De Manon, regardez les yeux,
Et goûtez bien ce doux breuvage.
Quand vous les connaîtrez tous deux ,
Amis, vous tiendrez ce langage :
Ah ! qu'elle est belle ! etc.

AUTRE.

AIR :

DANS vos mains qu'un verre a d'attraits !
Qu'il vous rend adorable !
L'amour armé de tous ses traits
N'est pas si redoutable.
Cette liqueur enchanteresse ,
Quand vous m'en versez , fait chez moi
Céder un certain je n' sais qu'est-ce ,
Qui cause un certain je n' sais quoi.

L'amour dans vos beaux yeux a pris
Le trait dont il me blesse.
De mon cœur il vous rend , Cloris ,
Souveraine maîtresse.
Cet aimable vainqueur me presse ,
Sitôt que je vous apperçoi ,
De joindre un certain je n' sais qu'est-ce ,
Avec un certain je n' sais quoi.

Ce je n' sais quoi, c'est mon cœur ;
Daignez l'unir au vôtre.
Si vous le voulez , nul bonheur
N'égalera le nôtre,

Tous deux, au sein de l'allégresse,
Nous chanterons de bonne foi :
Que j'aime ce doux je n' sais qu'est-ce,
Qui cause certain je n' sais quoi !

AUTRE. — VOL DES FLÈCHES DE L'AMOUR.

AIR : *Que tout ici se réunisse.*

DIANE, un jour dans un lieu sombre,
Vit Cupidon dormir à l'ombre.
Me voilà donc maîtresse de son sort !
Vengeons-nous, tandis qu'il dort.
Tous les mortels versent des larmes
Pour ses appas vains et trompeurs ;
Si je lui peux voler ses armes,
Je rends la paix à tous les cœurs.

Pour satisfaire sa vengeance,
Soudain sans bruit elle s'avance,
Et, dérobant à ce dieu son carquois,
Fut le dire aux nymphes des bois.
Un doux transport, à ces nouvelles,
Vers le dormeur les fait courir.
Réveillez-vous, lui dirent-elles ;
L'amour toujours perd à dormir.

Du tendre enfant le sommeil cesse,
Quelque douleur d'abord le presse ;
Et se voyant dépouillé de ses traits,
Son cœur pousse quelques regrets.
Mais oubliant bientôt sa peine :
Croit-on, dit-il, braver mes lois ?
Allez, allez, les yeux d'Ismène
Me vaudront mieux que mon carquois.

AUTRE.

Air :

Qu'un amant à Philis adresse son hommage,
S'il est dans cet âge charmant
Où l'Amour veut que l'on s'engage ;
Le premier quart sonne à l'instant.
S'il est de figure jolie,
Il entend sonner la demie ;
S'il est galant et poli,
Les trois quarts sonnent pour lui.
S'il est libéral et qu'il donne,
Tout répond à ses vœux, et l'heure entière sonne.

AUTRE.

Air :

Corset et jupon blanc, bas toujours bien tiré,
Petit pied dans mule gentille,
Sont plus appétissans qu'un objet décoré
De tout ce qui frappe et qui brille.
Non, non, l'ajustement avec art arrangé,
Les plus beaux ornemens, la plus riche parure,
N'ont pas l'attrait friand d'un joli négligé
Où la propreté semble embellir la nature.

AUTRE.

Air :

La nature a placé l'amour dans le printems,
Et la vendange dans l'automne ;
Par ces sages arrangemens,
C'est un avis qu'elle nous donne.
Suivons, amis, cette utile leçon,
Et destinons, sans peur qu'on nous condamne,
Notre printems à Janneton,
Et notre automne à *Dame-Jeanne*.

LE PLAISIR DES ROIS
ET LE ROI DES PLAISIRS.

AIR:

Sous des lambris où l'or éclate,
Fouler la pourpre et l'écarlate,
Sur un trône dicter des lois,
    C'est le plaisir des rois.
Sur la fougère et sur l'herbette,
Lire dans les yeux de Lisette
Qu'elle est sensible à nos soupirs,
    C'est le roi des plaisirs.

    Quelque part où l'on se tansporte,
Etre entouré d'une cohorte,
Voir des curieux jusqu'aux toits,
    C'est le plaisir des rois.
Quand on voyage avec Sylvie,
N'avoir pour toute compagnie
Que les amours et les zéphirs,
    C'est le roi des plaisirs.

    Agir et commander en maître,
Avec la poudre et le salpétre,
Fortement appuyer ses droits,
    C'est le plaisir des rois.
Quand la tendre enfant nous couronne,
Tenir du cœur ce qu'on nous donne,
Ne rien devoir qu'aux doux soupirs,
    C'est le roi des plaisirs.

    Des plus beaux bijoux de l'Asie
Parer une beauté chérie,
En charger sa tête et ses doigts,
    C'est le plaisir des rois.

Voir une petite fleurette
Toucher plus le cœur de Nanette,
Que perles, rubis et saphirs,
C'est le roi des plaisirs.

Avec une meute bruyante,
Remplir les forêts d'épouvante,
Réduire des cerfs aux abois ,
C'est le plaisir des rois.
Avec une troupe choisie ,
Chasser , à grands coups d'ambroisie,
La douleur et les vains soupirs,
C'est le roi des plaisirs.

Donner , dans une grande fête,
Des concerts à rompre la tête ,
Où l'on entend mugir cent voix ,
C'est le plaisir des rois.
Dans un petit repas tranquille ,
Par quelque gentil vaudeville
Du cœur exprimer les désirs,
C'est le roi des plaisirs.

———

Il y a au moins une vingtaine des
Vaudevilles de Pannard, que j'aurais
désiré pouvoir insérer ici ; mais ni
leur étendue, ni celle de ce Recueil
ne me l'ont permis. — Il règne, dans
tout ce qu'il a produit , de la facilité ,
de l'esprit, de la grâce et de la gaîté.

FAVART.

RONDE (de Raton et Rosette).

Courons d'la blonde à la brune,
A changer tout nous instruit ;
Le croissant deviant pleine lune,
Après l'biau temps l'mauvais suit.
L'hirondelle
Peu fidelle
Change de lieu tous les ans ;
L'papillon volage à l'extrême,
Est errant dans nos champs.
Si l'papillon,
L'hirondelle,
La lune,
La pluie et l'biau temps
Sont changeans,
Il faut changer de même.

A tout vent la girouette,
Et les ailes du moulin
Font toujours la pirouette
En tournant, tournant sans fin.
Dans la pente
L'eau serpente
Et fait cent tours différens ;
On voit, d'une inconstance extrême
Les zéphirs voltigeans.
Si l'papillon,
L'hirondelle,

La lune,
La pluie et l'biau temps,
Les ruisseaux,
Les oiseaux,
Les moulins,
La girouette,
Les vents
Sont changeans,
Il faut changer de même.

Les rochers de ce rivage
N'ont jamais changé d'endroits,
Et les clochers du village
Restent toujours sur les toits;
Ces montagnes,
Ces campagnes,
Sont là depuis fort long-temps;
Cette source toujours la même
Va remplir ces étangs.
Si les rochers
Les clochers,
Les ruisseaux, les étangs
Sont constans,
Je suis constant de même.

Le soleil autour du monde
N'a jamais cessé son cours,
Ainsi, charmé de ma blonde
Je veux la suivre toujours.
La fidelle
Tourterelle
Sert d'exemple aux vrais amans;
Ce lierre à l'ormeau qu'il aime
S'est uni dès long-temps.
Si le soleil,
Les ormeaux,

        Les ruisseaux,
        Les clochers,
        Les rochers,
        Les vallons,
        Et les monts
        Dans nos champs
        Sont constans,
Je suis constant de même.

VAUDEVILLE DE LA FÊTE DES FLEURS.

        AIR:

On court souvent trop de danger
        A s'engager,
Au plaisir le penchant nous mène,
Mais il ne faut que l'éfleurer,
        Sans s'y livrer;
Il est trop voisin de la peine.
Craignez, craignez, jeunes cœurs,
Le serpent caché sous les fleurs.

    L'amour a des attraits flatteurs,
        Mais séducteurs,
Et l'on a peine à s'en défendre;
Quand le fripon vient d'un air doux
        A nos genoux,
C'est à fin de nous mieux surprendre.
Craignez, craignez, jeunes cœurs,
Le serpent caché sous les fleurs.

    Thémire allait, chaque matin,
        Au bois voisin,
Du printemps respirer les charmes;
Mais un jour j'entendis des cris,

Et d'un taillis,
Je la vis sortir toute en larmes.
Craignez, craignez, jeunes cœurs,
Le serpent caché sous les fleurs.

Iris trouve un enfant, un jour,
C'était l'amour;
Elle en prend soin sans le connaître,
C'est un piége qu'amour lui tend
Tout en pleurant,
Sous ses doigts, il riait, le traître.
Craignez, craignez, jeunes cœurs,
Le serpent caché sous les fleurs.

L'imprudente Iris qui le croit
Transi de froid,
Dans son sein l'échauffe et l'anime,
L'ingrat qui se voit caresser,
L'ose blesser.
Le cruel en fait sa victime.
Craignez, craignez, jeunes cœurs,
Le serpent caché sous les fleurs.

~~~~~

LES AMOURS DE THÉRÈSE

ET DE CORIDON.

RONDE

Autrefois la jeune Thérèse
Etait niaise,
N'osait parler ni lever les yeux;
A présent c'est toute autre chose,
Thérèse cause;
Elle raisonne tout au mieux.
~~~~~

Eh ! gai, gai, légère
Bergère,
C'est l'amour
Qui lui fit ce tour.

Un biau jour, de sa bergerie
Dans la prairie,
Un de ses moutons s'égara ;
Voulant le chercher, la pauvrette,
Fort inquiette,
Dans le fond du bois s'enfonça.
Eh ! gai, gai, etc.

Coridon, qui de loin la guette,
La voit seulette,
De l'agneau contrefait la voix,
L'innocente y court au plus vite :
C'est dans ce gîte
Où l'attend cet amour sournois.
Eh ! gai, gai, etc.

Le barger s'avance vers elle,
D'abord la belle
Le regarde et l'écoute en tremblant ;
Mais aussitôt alle s'échappe ;
Il la ratrappe,
Fait un faux pas ; ah ! le méchant.
Eh ! gai, gai, etc.

Coridon deviant téméraire,
Et la bargère
Avec son sabiot se défend ;
Mais, hélas ! son sabiot se casse,
Queulle disgrâce.
Cheux elle all' s'en r'tourne en boîtant.
Eh ! gai, gai, etc.

7

Au logis all’ charche une excuse ;
All’ a d’la ruse ,
All’ répond à tout ce qu’on lui dit :
Et v’là comme souvent à notre âge ,
Dans un bocage
Sans l’savoir on trouve de l’esprit.
Eh ! gai , gai , etc.

V’LA C’QUE C’EST QU’D’ALLER AUX BOIS.

RONDE.

Tous nos tendrons sont aux abois ,
V’là ce que c’est d’aller aux bois ;
Nos bucherons sont gens adroits ,
Quand on va seulette
Cueillir la noisette ,
Jamais l’amour ne perd ses droits ;
V’là ce que c’est que d’aller aux bois.

Jamais l’amour ne perd ses droits.
V’là ce que c’est que d’aller aux bois.
Un jour ce petit dieu sournois
Dormait à l’ombrage ,
Sous un verd feuillage ;
Dorine approche en tapinois ,
V’là ce que c’est que d’aller aux bois.

Dorine approche en tapinois
V’là ce que c’est que d’aller aux bois.
Elle dérobe son carquois ,
En tire une flèche
Propre à faire brèche ,
Dont elle se blessa , je crois ,
V’là ce que c’est que d’aller aux bois.

   Dont elle se blessa , je crois ,
V'là ce que c'est d'aller aux bois.
Depuis ce temps je l'apperçois
    Qui pleure , qui rêve ,
    Marguenne , elle endève ,
L'imprudente s'en mord les doigts.
V'là ce que c'est que d'aller aux bois.

    Sa sœur Colette une autre fois ,
V'là ce que c'est que d'aller aux bois.
Craignant qu'un loup dans ces endroits
    Ne vînt la surprendre ,
    Pour mieux la défendre ,
Prit pour guide un jeune grivois ;
V'là ce que c'est que d'aller aux bois.

    Prit pour guide un jeune grivois ,
V'là ce que c'est que d'aller aux bois ;
Mais l'amour , sûr de ses exploits ,
    Est de la partie
    Sans qu'on s'en défie ;
On croit être deux, on est trois ,
V'là ce que c'est que d'aller aux bois.

    Lise craignait de faire un choix ,
V'là ce que c'est que d'aller aux bois ;
Sa vache s'égare une fois ,
    La pauvre fillette ,
    Suivant la clochette ,
Dans un taillis trouve un matois ;
V'là ce que c'est que d'aller aux bois.

    Dans un taillis trouve un matois ,
V'là ce que c'est que d'aller aux bois ,
Dont il lui faut subir les lois.
    La jeune bergère
    Appelle sa mère ,
Qui ne peut entendre sa voix ,
V'là ce que c'est que d'aller aux bois.

L'AMOUR CAPTIF.

Air : *Sous un ormeau.*

Dans un détour
Me promenant au bois un jour,
J'apperçus l'amour
Assis auprès d'un tilleuil
Seul.
A l'aspect du trompeur
Je recule en tremblant de frayeur ;
Mais il a l'air si doux !
Qu'ai-je à craindre? Approchons..Sauvons-nous.
O sort heureuz !
Le traître dort ; tout sert mes vœux ;
Ses yeux dangereux
Sont couverts d'un voile épais. . .
Paix !

Pour lui prendre ses traits,
Dans ces lieux tenons-nous aux aguets.
Essayons-y par là :
Je pourrai… Doucement. Les voilà !
Ne tardons pas ;
Pour l'enchaîner formons des lacs.
Mais que fais-je ? hélas !
S'il s'éveillait !… Non , il dort,
Fort.

Rassurons nos esprits :
Serrons-le dans ces nœuds. . . Il est pris.
Le cruel aussitôt
Fait un cri , se réveille en sursaut ;
Tyran des cœurs ,
Reçois le prix de tes rigueurs ,

Je ris de tes pleurs;
Dans mes liens
Je te tiens,
Viens.

Il répond en ces mots :
Ecoutez mes soupirs, mes sanglots :
Je suivrai votre loi ;
Je vous jure un respect. . . lâchez-moi.
Tu me promets
De ne troubler, jamais, jamais,
La tranquille paix ,
Dont jusqu'ici
J'ai joui ?
— Oui.

Pourquoi faire captif
Un enfant qui paraît si naïf ?
Je le fais trop souffrir ;
Délions. . . Je me sens attendrir.
— Tu m'as lâché,
Me dit l'amour d'un air touché ;
Et d'un trait caché
L'ingrat, hélas !
Me perça.
Ah !

Tout mon sang se troubla;
Le perfide, en riant , s'envola.
Je me sens pénétrer
D'une ardeur. . . et ne puis respirer.
Voilà comment
L'amour content
Tient son serment.
Ah dieux ! quel tourment !
Ainsi que lui , tout amant
Ment.

~~~~~~

L'ABBÉ LATTAIGNANT.

———

CHANSON BACCHIQUE.

Air : *Maître d'un joli jardinet.*

Vive la liqueur du tonneau !
  Nargue de l'eau
  D'Hypocrène !
Au diable soit maître Apollon,
  Son vallon
  Et sa fontaine !
  Ivre de ce divin
  Vin,
  L'heureux délire !
Qu'on ferme de touchants
  Chants
  Quand il inspire !

~~~~~

AUTRE.

LA LÉGÈRETÉ.

Air : *Jupin dès le matin.*

Non, la fidélité
  N'a jamais été
Qu'une imbécillité ;
  J'ai quité
Par légèreté,
Plus d'une beauté ;
Vive la nouveauté !
Mais, quoi ! la probité ?
  Puérilité.

Le serment répété
    Style usité.
A-t-on jamais compté
    Sur un traité
        Dicté
Par la volupté,
    Sans liberté ?
On feint par vanité
    d'être irrité ;
L'amant peu regretté
    Est imité ;
La femme avec gaité
Bientôt s'arrange de son côté.

~~~~

AUTRE (adressée à Mme de Cham-
PAGNE, et faite *à la Folie*, sa maison
de campagne.)

AIR : *Sainte-Modeste.*

A la folie,
Cet aimable séjour,
Je meurs d'envie
De vous faire ma cour :
Dieux ! que je m'y plairais !
    Je n'y désirerais
    Nulle autre compagnie,
    Et je vous aimerais
        A la folie.

De la folie
Le domaine est à vous :
    C'est ma patrie ;
Que cet empire est doux !
~~~~

Non, depuis que l'amour
A transporté sa cour
Dans votre seigneurie
Rien ne vaut le séjour
    De la folie.

    Pour la folie,
Les plaisirs et les ris,
    Troupe chérie
Ont tous quité Cypris :
Que je serais heureux,
De pouvoir avec eux
Passer toute ma vie !
Je quitterais les cieux,
    Pour la folie.

    De la folie
Que la reine a d'appas !
    Qu'elle est jolie !
Que d'amours sur ses pas !
Mon cœur est sous ses lois.
Près d'elle quelquefois
Je sens que je m'oublie ;
Et n'entends que la voix
    De la folie.

AUTRE.

LES SOUHAITS.

AIR :

    Ma mie,
Ma douce amie
Répond à mes amours ;
    Fidèle
A cette belle,
Je l'aimerai toujours.

Si j'avais cent cœurs,
Ils ne seraient remplis que d'elle;
Si j'avais cent cœurs
Aucun d'eux n'aimerait ailleurs.
Ma mie, etc.

Si j'avais cent yeux,
Ils seraient tous fixés sur elle,
Si j'avais cent yeux,
Ils ne verraient qu'elle en tous lieux.
Ma mie,
Ma douce amie
Répond à mes amours;
Fidèle
A cette belle,
Je l'aimerai toujours.

Si j'avais cent voix,
Elles ne parleraient que d'elle:
Si j'avais cent voix
Toutes rediraient à la fois:
Ma mie,
Ma douce amie,
Répond à mes amours;
Fidèle
A cette belle,
Je l'aimerai toujours.

Si j'étais un dieu
Je voudrais la rendre immortelle;
Si j'étais un dieu,
On l'adorerait en tout lieu.
Ma mie,
Ma douce amie
Répond à mes amours;
Fidèle
A cette belle,
Je l'aimerai toujours.

Fussiez-vous cinq cent ,
Vous seriez tous rivaux près d'elle ,
Fussiez-vous cinq cent ;
Chacun voudrait en être amant.
Ma mie,
Ma douce amie
Répond à mes amours ;
Fidèle
A cette belle ,
Je l'aimerai toujours.

Eussiez-vous cent ans ,
Nestor rajeunirait pour elle ,
Eussiez-vous cent ans,
Vous retrouveriez le printemps.
Ma mie,
Ma douce amie
Répond à mes amours ;
Fidèle
A cette belle ,
Je l'aimerai toujours.

AUTRE.

(A une jeune femme accouchée d'une fille.)

A i r : *De tous les Capucins du monde.*

Comme un chien dans un jeu de quille ,
On reçoit une pauvre fille ,
A l'instant qu'elle vient au jour :
A quinze ans , quand elle est gentille ,
Elle nous reçoit à son tour ;
Comme un chien dans un jeu de quille.

LES ADIEUX DE L'ABBÉ LATTAIGNANT.

Air : *Bon soir la compagnie.*

J'aurai bientôt quatre-vingts ans,
Je crois qu'à cet âge il est temps
 De dédaigner la vie.
Aussi, je la perds sans regret,
Et je fais gaiment mon paquet ;
 Bon soir la compagnie.

J'ai goûté de tous les plaisirs ;
J'ai perdu jusques aux désirs ;
 A présent je m'ennuie,
Lorsqu'on n'est plus bon à rien,
On se retire et l'on fait bien ;
 Bon soir la compagnie.

Lorsque d'ici je sortirai
Je ne sais trop où j'irai ;
 Mais en Dieu je me fie.
Il ne peut me mener que bien,
Aussi je n'appréhende rien :
 Bon soir la compagnie.

GALLET. (1)

L'HEUREUX ACCORD.

Air :

Un jour dans ce verd bocage,
Daphnis menait ses troupeaux ;
Non loin, Philis à l'ombrage,
Paissait aussi ses agneaux.

(1) Tout le monde connaît son *Hirondelle de Carême.*

Tous deux ils se joignirent.
        Daphnis la vit;
        Philis le vit;
Tous les deux ils se virent.

    Bon jour, lui dit-il, bergère;
Bon jour, lui dit-elle, berger :
Qu'il fait bon sur la fougère,
Ici près, dans ce verger !
Tous deux ils s'y rendirent :
        Daphnis s'assit ;
        Philis s'assit,
Tous les deux ils s'assirent.

    Le berger, de violettes,
Fait un bouquet pour Philis;
Philis, de tendres fleurettes
En prépare un pour Daphnis.
Tous deux ils se l'offrirent :
        Daphnis le prit,
        Philis le prit :
Tous les deux se le prirent.

    Permets, dit-il, que je mette
Mon bouquet dans ton corset :
Du mien, lui dit la fillette,
Je veux orner ton bonnet.
Tous deux consentirent.
        Daphnis lui mit,
        Philis lui mit;
Tous les deux se le mirent.

    D'être constante et fidelle,
Fais-moi, lui dit-il, serment;
Et toi, fais-le-moi, dit-elle,
D'être fidèle et constant.

Tous deux y consentirent ;
    Daphnis le fit ,
    Philis le fit ;
Tous les deux se le firent.

~~~~~

AUTRE CHANSON.

LES INCONVÉNIENS DU MARIAGE.

A I R : *Fine calotte.*

On se marie ,
    Quelle folie !
Nœud trop respecté
Vaux-tu la liberté ?
    Dur esclavage
    Fatal usage
Tu finis le cours
De nos beaux jours.
Croyez-moi , jeunesse ,
    Vive une maîtresse !
    Son adresse ,
    Sa finesse ,
Pour peu de soupirs ,
    A nos désirs ,
Quand l'amour nous presse ,
    Fait sans cesse
Succéder les plaisirs.
    On se marie , etc.

Plaignons les pauvres maris ;
Les embarras , les soucis ,
Les chagrins et les ennuis ,
    Dans leur logis
    Sont réunis.
~~~~~

         Les jeux et les ris
Pour jamais en sont bannis.
      Au lieu des ardeurs,
      Ce sont des froideurs,
         Des langueurs,
         Des aigreurs,
         De la défiance;
      Plus de douceurs;
      Adieu la complaisance.
         On se marie, etc.

      Hymen, sous tes lois,
      Que l'on fasse un choix;
      De certains minois
         Ont quelquefois
         Le don de plaire;
      Mais voit-on le cœur,
      L'esprit et l'humeur?
      Non, l'on a beau faire,
Toute fille a l'air trompeur.
      D'amour trop épris,
         L'on est surpris;
      Monsieur le notaire
      Termine l'affaire;
      Mais le marché fait,
         Le trébuchet
         Ferme tout net;
         Nigaudinet,
         Pris au gobet,
À bientôt son paquet.

      Que de déchet!
         L'objet
         Plaisait,
         Semblait
         Parfait.

L'hymen éclaircit la visière :
  Vu dans son jour
    Ce portrait
        Est laid,
        Déplaît ;
        C'est fait,
        On hait ;
        Et l'amour
  Fait place au regret.

L'époux, du devoir conjugal
    S'acquitte mal :
  De ce procédé peu loyal,
      Naît bacchanal.
      Femme en lutin,
      D'un air mutin,
      D'un ton hautain,
      Gronde sans fin ;
      Soir et matin,
      C'est même train ;
      A son goût, rien
      N'est jamais bien.
        Survient
  Pour doubler le mari,
        Un favori.

      Quelque valet
      Trop indiscret,
      D'être cocu
      L'a convaincu ;
      Tout est perdu.
      Grand carillon
      Dans la maison :
      L'on n'entend plus
      Que bruit confus.
      Il faut jurer,

Pester, pleurer;
Sans différer,
Se séparer
Et se déshonorer.
On se marie,
Quelle folie !
Nœud trop respecté,
Vaux-tu la liberté ?
Dur esclavage,
Fatal usage,
Tu finis le cours
De nos beaux jours.

Douze heures avant sa mort, Gallet fit, à Collé, son ami, la chanson suivante :

COMPLIMENT DU JOUR DE L'AN.

Aɪʀ : *Le premier du mois de janvier.*

Du premier du mois de janvier
Je me ris comme du dernier ;
Que la politique aille aux piautres.
Dans mon répertoire j'ai mis
Qu'on trouve peu de vrais amis,
Accompagnés de plusieurs autres.

Ce petit couplet de chanson,
Est un compliment sans façon
A Collé, le meilleur des nôtres.
C'est prou pour moi, pauvre animal,
Prêt à succomber sous un mal
Accompagné de plusieurs autres.

Autrefois presqu'en un instant ,
J'en aurais pu rimer autant
Que nous reconnaissons d'apôtres.
Aujourd'hui j'abrège d'autant
Qu'a l'église un prêtre m'attend
Accompagné de plusieurs autres.

CAILLY. (1)

LE COUP DE TONNERRE.

(Dialogue historique.)

Air : *De l'Amour tout subit la loi.*

RONDEAU.

Quel orage enflamme les airs !
Ma tête en est toute à l'envers.
Chevalier, ce maudit tonnerre
Agace horriblement mes nerfs . . .
Quels éclairs ! je tremble à les voir
Sillonner ce nuage noir.
Que ne suis-je à cent pieds sous terre !..
Passons dans mon boudoir.

(1) Tout le monde connaît son cantique sur *Ste. Madeleine*, ses *Mariniers de la Grenouillère* et sa chanson à *Mme. Bêche.*

Première Reprise.

Je vais succomber aux vapeurs...
Chevalier, à moi, je me meurs...
Desserrez vite mon corset...
Qu'il est gauche ! eh ! rompez le lacet.

Air du Rondeau.

Un sopha commode et galant
Est tout prêt pour le dénouement :
La comtesse y tombe en faiblesse ;
Plus de pouls, plus de mouvement :
L'amour indique au chevalier
Son spécifique familier :
Il ranime enfin la comtesse,
  Qui se met à crier :

Seconde reprise.

Qu'osez-vous ! craignez mon courroux ;
Téméraire !.. ôtez-vous. — Madame,
Comme il tonne ! entendez-vous ?
— Oui, j'entends, je sens... je rends l'ame.
Dieux !.. ah, dieux ! quel coup...
De tonnerre !.. En fera-t-il beaucoup ?

Air du Rondeau.

Comtesse, il faut vous mettre au lit ;
Je vous veillerai cette nuit :
Je vais renvoyer ma voiture.
— Oui, mon chevalier ; c'est bien dit...
Ce tonnerre-là va d'un train !..
— Comtesse, il n'est pas à sa fin :
Il grondera, soyez-en sûre,
  Jusqu'à demain matin.

L'AMOUR A LA MODE.

Air : *Philis demande son portrait.*

Je viens de quitter ma Cloris,
   Pour reprendre Glicère:
Cloris en jette les hauts cris;
   Je ne saurais qu'y faire.
On est bien en règle, je crois,
   Lorsque pour une belle
On a brûlé quatre grands mois
   D'une ardeur éternelle.

Je veux lui donner mon ami,
   Jeune et beau comme un ange;
Glicère lui rend son mari :
   Cloris gagne à l'échange.
Mais rien ne peut calmer l'humeur
   De cette beauté fière,
A qui j'ai ravi la douceur
   De rompre la première.

J'ai su la prévenir d'un jour ;
   Demain j'avais mon compte ;
Car, déjà, sur un autre amour
   Elle a pris un à-compte.
Que, dans trois mois, mon successeur
   La quitte, ou qu'on le chasse ;
Peut-être aurai-je le bon cœur
   De reprendre la place.

Voilà comme on aime aujourd'hui,
   C'est la grande méthode ;
Le bon ton écarte l'ennui
   D'un intrigue incommode:

Le cœur, bientôt las de jouir,
    Languit dans la constance :
L'amour n'est pas fait pour vieillir ;
    Son bel âge est l'enfance.

COLARDEAU.

CHANSON (A Rosine.)

Air :

Adorable Rosine, il est vrai, l'autre jour,
Dans je ne sais quel trouble où l'ame s'abandonne,
Pressé par le désir, égaré par l'amour,
En te serrant la main, je t'ai dit : ah ! ma bonne !

Ce seul mot t'exprimait les plus vifs sentimens ;
Je l'ai dit d'après toi, d'où vient donc qu'il t'étonne
N'en doute pas, Rosine, il est mille momens
Où cent fois mieux encor je dirais : ah ! ma bonne !

Si, lorsque mes regards s'arrêtent sur les tiens,
Tes yeux me promettaient tout ce que l'amour donne
S'ils peignaient des désirs favorables aux miens,
Dans quel ravissement je dirais : ah ! ma bonne !

Si ta bouche charmante, au lieu de m'accuser,
Me pardonnant l'aveu qu'une amante pardonne,
Confondait nos deux cœurs dans le feu d'un baiser,
Combien je te dirais : ah ! ma bonne ! ah ! ma bonne !

Si, d'un voile inutile écartant les replis,
Je carressais ton sein, où la rose boutonne
Et mêle son éclat à deux touffes de lys,
Dans quelle émotion te dirais-je : ah ! ma bonne !

Enfin, si, dans tes bras, épuisant les désirs,
De l'amour satisfait j'obtenais la couronne,
Et buvais avec toi la coupe des plaisirs,
Tous mes sens à la fois te diraient : ah ! ma bonne !

Que tu me verrais fier de t'être ainsi lié !
ais le seul sentiment que mon cœur te soupçonne,
t ou l'indifférence, ou la simple amitié.
élas ! sans être heureux, comment dire : ah ! ma bonne !

AUTRE.

LA DÉFENSE INUTILE.

Air : *Lison dormait dans un bocage.*

Voyez, voyez mon imprudence;
J'allais au bois sans craindre rien :
Je bravais tout, sous la défense
De ma houlette et de mon chien.
Houlette et chien, soupirs et larmes,
Sont un appui faible et léger :
 Contre un berger,
 Contre un berger
Un cœur sensible a-t-il des armes?
 Près d'un berger,
 Près d'un berger,
Rien n'est secours, tout est danger.

Lucas hier me vit seulette;
Qu'il affecta de soins trompeurs !
Bientôt le fer de ma houlette
Fut entouré de mille fleurs.
D'un air riant et plein de charme,
Il le suspend au tronc voisin :
 Il prend ma main,
 Il prend ma main,
Ma main qu'il flatte et qu'il désarme.
 Il prend ma main,
 Il prend ma main,
Et de baisers couvre mon sein.

Mon chien voyait le téméraire,
Mais sans pourvoir à mes dangers ;
Tranquille aux pieds de sa bergère,
Il craint les loups, non les bergers.
Je n'ai plus rien pour me défendre,
L'ombre du soir s'étend sur nous.
    A mes genoux,
    A mes genoux,
Lucas osa tout entreprendre ;
    A mes genoux,
    A mes genoux,
Il triompha d'un vain courroux.

AUTRE.

(Air d'Albanèse) : *Mon jeune cœur palpite.*

    Lise, entends-tu l'orage ?
Il gronde, l'air gémit :
Sauvons-nous au bocage....
Lise doute et frémit.
Qu'un cœur faible est à plaindre
Dans ce double danger !
C'est trop d'avoir à craindre
L'orage et son berger.

    Mais cependant la foudre
Redouble ses éclats ;
Que faire et que résoudre ?
Faut-il donc suivre Hilas ?
De frayeur Lise atteinte
Va, vient, fuit tour à tour :
On fait un pas par crainte,
Un autre par amour.

Lise au bosquet s'arrête
Et n'ose y pénétrer :
Un coup de la tempête,
Enfin l'y fait entrer.
La foudre au loin s'égare,
On échappe à ses traits ;
Mais ceux qu'amour prépare
Ne nous manquent jamais.

Ce dieu, pendant l'orage,
Profite des momens :
Caché dans le nuage,
Son œil suit les amans.
Lise, de son asile,
Sortit d'un air confus....
Le Ciel devint tranquille,
Son cœur ne l'était plus.

~~~~~~~~~~~~~~~~~~~~~~~~~~~~~~~

DE LA MOTTE.

DANGER DE RÉVEILLER L'AMOUR.

CHANSON.

AIR :

Dans un bois solitaire et sombre,
Je me promenais l'autre jour ;
Un enfant y dormait à l'ombre :
C'était le redoutable amour.

J'approche, sa beauté me flatte ;
Mais j'aurais dû m'en défier :
J'y vis tous les traits d'une ingrate,
Que j'avais juré d'oublier.
~~~~~~~~~~~~~~~~~~~~~~~~~~~~~~~

Il avait la bouche vermeille,
Le teint aussi beau que le sien.
Un soupir m'échappe, il s'éveille.
L'Amour se reveille d'un rien.

Aussitôt, déployant ses ailes,
Et saisissant son arc vengeur,
D'une de ses flèches cruelles,
En partant, il me blesse au cœur.

Va, dit-il, au pied de Sylvie
De nouveau languir et brûler;
Tu l'aimeras toute ta vie,
Pour avoir osé m'éveiller.

LÉONARD.

LE SOUVENIR.

Air : *Dans un bois solitaire et sombre.*

De nos jours remplissons l'espace,
Au gré de nos plus chers désirs :
La vie est un instant qui passe ;
Il faut le donner au plaisir.
Au soir ténébreux de la vie,
Si le cœur doit se reposer,
Puis-je encor chanter, Sylvie,
Le trait dont tu sus me blesser.
Que ton souvenir me console
Des beaux jours que j'aurai perdus :
Quand l'âge du bonheur s'envole,
On vit dans l'âge qui n'est plus.

LA RÉCOMPENSE.

AIR:

Ma Doris un jour s'égara ;
Je dis : Qu'on coure en diligence ;
A celui qui la trouvera
Je promets une récompense.

Dans les bocages d'alentour,
Vous pourrez découvrir ses traces ;
Elle est brune comme l'amour ;
Elle est faite comme les graces.

A peine j'achevais ces mots,
Qu'elle même s'est approchée ;
Dans le plus épais des berceaux
Par malice elle était cachée.

Voici, dit-elle, ta Doris,
Que je remets en ta puissance :
Puis elle fit un doux souris,
Et demanda sa récompense.

Mme LA M^{ise} DE LA FÉRANDIERE.

——

PORTRAIT DES MARIS.

CHANSON.

Air *des Trembleurs.*

Un amant léger, frivole,
D'une jeune enfant raffole ;
Doux regards, belle parole,
Le font choisir pour époux :

Soumis quand l'hymen s'apprête,
Tendre le jour de sa fête;
Le lendemain il tient tête....
Il faut déjà filer doux.

Sitôt que du mariage
Le lien sacré l'engage,
Plus de vœux, pas un hommage;
Plaisirs, talens, tout s'enfuit:
En vertu de l'hyménée,
Il vous gronde à la journée,
Bâille toute la soirée,
Et Dieu sait s'il dort la nuit.

Sa contenance engourdie,
Quelque grave fantaisie,
Son humeur, sa jalousie,
Oui, c'est là tout votre bien:
Et, pour avoir l'avantage
De rester dans l'esclavage,
Il faut garder au volage
Un cœur dont il ne fait rien.

———

Cette chanson est plus gaie que celle
de Pannard, intitulée: *Conseils contre
le Mariage*, dont le fond est le même.

LE CARDINAL DE BERNIS.

L'AMOUR ET LES NYMPHES.

CHANSON ANACRÉONTIQUE.

AIR : *Dans un bois solitaire et sombre.*

Auprès d'une féconde source,
D'où coulent cent petits ruisseaux,
L'Amour fatigué de sa course,
Dormait sur un lit de roseaux.

Les Naïades, sans défiance,
S'avancent d'un pas concerté,
Et toutes, en profond silence,
Admirent sa jeune beauté.

Ma sœur, que sa bouche est vermeille !
Dit l'une, d'un ton indiscret :
L'Amour, qui l'entend, se réveille,
Et se félicite en secret.

Il cache ses desseins perfides
Sous un air engageant et doux :
Les Nymphes bientôt moins timides,
Le font asseoir sur leurs genoux.

Eucharis, Naïs et Thémire
Couronnent sa tête de fleurs.
L'Amour, d'un gracieux sourire,
Répond à toutes leurs faveurs.

Mais bientôt, aux flammes cruelles,
Qui brûlent la nuit et le jour,
Ces indiscrettes immortelles
Connurent le perfide amour.

Ah! rendez-nous, Dieu de Cythère,
Disent-elles, notre repos:
Pourquoi le troubler, téméraire?
Nous brûlons au milieu des eaux.

Nourissez plutôt sans vous plaindre,
Répond l'Amour, mes tendres feux:
Je les allume quand je veux;
Mais je ne saurais les éteindre.

AUTRE.

L'AMOUR PAPILLON.

Air:

Jupiter, outré de colère
D'être blessé par Cupidon,
D'un regard lancé sur Cythère,
Changea son fils en papillon.

D'abord, en ailes azurées
On vit diminuer ses bras;
Ses dards en des pattes dorées:
Il veut se plaindre et ne peut pas.

L'arc à la main, ce dieu perfide
Ne vole plus après les cœurs;
Mais, toujours le plaisir pour guide,
Il vole encor de fleurs en fleurs.

Enfin, touché de sa disgrace,
Jupin lui dit : consolez-vous,
Amour, j'excuse votre audace;
Ne méritez plus mon courroux.

Il change : ses flèches cruelles
Reprennent leur premier état;
Mais il conserve encor des ailes,
Pour marque de son attentat.

Depuis, l'Amour aussi volage
Que le papillon inconstant,
En un instant brûle et s'engage,
Et se dégage en un instant.

AUTRE.

Air :

La maîtresse du cabaret
Se devine sans qu'on la peigne;
Le dieu d'amour est son portrait,
La jeune Hébé lui sert d'enseigne.
Bacchus assis sur un tonneau,
La prend pour la fille de l'onde :
Même en ne versant que de l'eau,
Elle a l'art d'enivrer son monde.

AUTRE.

Air : *Triste raison.*

Le connais-tu, ma chère Eléonore,
Ce tendre enfant qui te suit en tout lieu;
Ce tendre enfant, qui le serait encore,
Si tes regards n'en avaient fait un dieu?

C'est par ta voix qu'il étend son empire,
Je ne le sens qu'en voyant tes appas.
Il est dans l'air que ta bouche respire,
Et sous les fleurs qui naissent sous tes pa

Qui te connait, connaîtra la tendresse;
Qui voit tes yeux en boira le poison.
Tu donnerais des sens à la sagesse,
Et des désirs à la froide raison.

L'AMOUR EST DE TOUT AGE.

Air : *Mon petit cœur à chaque instant soupire.*

Au sein des maux qui suivent la tendresse,
En détestant l'empire des amours,
Je désirais la paisible vieillesse,
Et j'appelais les ans à mon secours.
Mais plus j'avance, hélas ! dans ma carrière,
Sexe adoré ! plus tu sais me charmer,
Je n'ai perdu que l'espoir de te plaire,
En conservant le malheur de t'aimer.

LE POUVOIR DE LA BEAUTÉ.

Air : *Vous voulez me faire chanter.*

Ou : *Quand je vous ai donné mon cœur.*

Le plaisir, couronné de fleurs,
Vient voler sur la table;
Il attend, pour charmer nos cœurs
Un moment favorable.

Belle Zéphise, où tu n'es pas,
 Pourrait-il nous séduire?
Il a besoin de tes appas
 Pour fonder son empire.

Viens réveiller, sous cet ormeau,
 L'esprit et la saillie;
On l'attend auprès du tonneau
 Qu'a percé la folie.
Le Champagne est prêt à partir;
 Dans sa prison il fume,
Impatient de te couvrir
 De sa brillante écume.

Sais-tu pourquoi ce vin charmant,
 Lorsque ta main l'agite,
Comme un éclair étincelant,
 Vole et se précipite?
Bacchus envain, dans son flacon,
 Retient l'Amour rebelle;
L'Amour sort toujours de prison,
 Sous la main d'une belle.

LE DUC DE NIVERNAIS (1).

LE PARADIS TERRESTRE.

AIR : *Ne V'là-t-il pas que j'aime!*

Que l'on gonte ici de plaisirs !
 Où pourrions-nous mieux être ?
 Tout y satisfait nos desirs,
Et tout les fait renaître.

(1) On connaît sa chanson : *Gentille Boulangère.*

N'est-ce pas ici le jardin
    Où nôtre premier père
Trouvait sans cesse sous sa main,
    De quoi se satisfaire?

Ne sommes-nous pas encore mieux
    Qu'Adam dans son bocage?
Il n'y voyait que deux beaux yeux;
    J'en vois bien davantage!

Dans ce jardin délicieux,
    On voit aussi des pommes
Faites pour charmer tous les dieux,
    Et damner tous les hommes.

Amis, en voyant tant d'appas,
    Quels plaisirs sont les nôtres!
Sans le péché d'Adam, hélas!
    Nous en verrions bien d'autres.

Il n'eut qu'une femme avec lui, (1)
    Encor c'était la sienne:
Je vois ici celles d'autrui
    Et n'y vois pas la mienne.

Il buvait de l'eau tristement,
    Auprès de sa compagne.
Nous autres, nous chantons gaiment,
    En sablant le Champagne.

Si l'on eût fait dans un repas
    Cette chère au bon homme,
Le gourmand ne nous aurait pas
    Damné pour une pomme.

(1) Ce couplet a été attribué à Louis XV.

PORTRAIT D'UNE MAITRESSE DÉSIRÉE.

AIR : *Je suis Lindor.*

D'AIMER jamais si je fais la folie,
Et que je sois le maître de mon choix :
Connais, Amour, celle qui sous tes lois,
Pourra fixer le destin de ma vie.

Je la voudrais moins belle que gentille :
Trop de fadeur suit de près la beauté.
Simples attraits peignent la volupté ;
Joli minois de feu d'amour pétille.

Je la voudrais moins coquette que tendre,
Sans être Agnès, ayant peu de désirs ;
Sans les chercher se livrant aux plaisirs,
Les augmentant en voulant s'en défendre.

Je la voudrais sans goût pour la parure,
Sans négliger le soin de ses appas ;
Quelque peu d'art qui ne s'apperçoit pas,
Ajoute encore au prix de la nature.

Je la voudrais n'ayant pas d'autre envie,
D'autre bonheur que celui de m'aimer.
Si cet objet, Amour, peut se trouver,
De te servir je ferai la folie.

DORAT.

LE PORTRAIT D'ISMÈNE,

AIR :

AMOUR, commence le tableau ;
Qu'il sera beau, s'il est fidèle !
Voilà les couleurs, le pinceau ;
Dessine, Amour, sois mon Apelle.

8.

L'ouvrage est digne de ta main :
Il s'agit du portrait d'Ismène.
Sur l'albâtre d'un front serein,
Trace deux jolis arcs d'ébène.

Peins sous leur voûte un œil charmant,
Cet œil trop rigoureux peut-être,
Qui tour à tour fier et touchant
Défend le désir qu'il fait naître.

Peins sur ces lèvres de corail,
Les fleurs nouvellement écloses ;
De ses dents, pour rendre l'émail,
Peins des perles parmi des roses.

Avec art suspends ses cheveux,
Et dresse-les en diadême.....
Laisse-les flotter, si tu veux ;
Ce désordre lui sied de même.

Exprime le charme secret
De son doux et tendre sourire :
Peins ce qu'il dit, ce qu'il promet :
Moi, je peindrai ce qu'il inspire.

~~~~~

COUPLET

CHANTÉ DEVANT PLUSIEURS JOLIES FEMMES.

AIR : *Lison dormait*, etc.

DE ces beaux lieux, nymphes charmantes,
Qui de vous obtiendra le prix ?
Au même degré séduisantes,
Vous enchantez l'œil indécis.
~~~~~

Esprit, gaîté, grâces, décence,
Dans quel embarras nous voilà !
Attraits par-ci, charmes par-là,
Tiennent tous nos cœurs en balance ;
Flore est ici, Vénus est là....
Ma foi, choisisse qui pourra.

LES VENDANGES DE CYTHÈRE.

Air : *Dans une cabane obscure.*

Dans l'isle de Cythère
Vénus a son pressoir,
Que d'une main légère
Les amours font mouvoir.
On y puise sans cesse
Ce nectar précieux,
Que verse la jeunesse
A la table des Dieux.

Cuve où l'on est à l'aise
Plaît le mieux à Bacchus ;
Ce goût, ne lui déplaise,
Irait mal à Vénus.
Le plus petit espace
Renferme mille appas ;
Le vin tient de la place,
Le plaisir n'en tient pas.

Tout rempli d'allégresse,
Comme on voit le glaneur
Grapiller ce que laisse
Le fer du vendangeur ;
Armé d'une faucille,
Dans Cythère, à son tour,
Le pauvre hymen grapille
Les restes de l'Amour.

Ennemi du mystére,
Bacchus aime un séjour
Que le soleil éclaire,
Et vendange le jour.
Vénus aime le sombre
Du plus secret réduit ;
Elle se plait à l'ombre
Et vendange la nuit.

DEMONCRIF.

LES FANTAISIES D'ASPASIE.

AIR:

ELLE m'aima, cette belle Aspasie,
Et bien en moi trouva tendre retour.
Elle m'aima, ce fut sa fantaisie :
Mais celle-là ne lui dura qu'un jour.

Le jour d'après, cette belle Aspasie
Entend Myrtil chanter l'hymne d'amour.
Elle l'aima ; ce fut sa fantaisie,
Et celle-là ne lui dura qu'un jour.

Toujours aimant, cette belle Aspasie,
A pris, quitté nos bergers tour à tour.
Ils sont fâchés, moi je la remercie.
Las ! elle fait passer un si beau jour !

Pour ramener cette belle Aspasie,
C'est grand abus de montrer du courroux.
Si réclamez sa douce fantaisie
Elle dira, que ne l'inspirez-vous ?

J'ai vu depuis cette belle Aspasie :
La couronnant de roses, je lui dis :
Quand reviendra ta douce fantaisie ?
Car, ce jour-là, c'est le seul où je vis.

Lors j'apperçus cette douce Aspasie...
Qu'un doux souris colorait ses attraits !
Elle reprit sa douce fantaisie,
Et me donna même le jour d'après.

Amans quittés d'une belle Aspasie,
Ayez près d'elle un modeste maintien;
Ne prétendez gêner sa fantaisie.
Qui plaît est roi; qui ne plaît plus n'est rien.

LA NOUVELLE LESBIE.

AIR : *Nous jouissons dans nos hameaux ;*

OU AIR : *De Joconde.*

CATULE a tant imaginé
   D'attraits dans sa Lesbie,
Que je crois qu'il a deviné
   Comment serait ma mie.
Qui veut tracer fidèlement
   Des grâces le modèle,
N'a qu'à venir tout uniment
   La voir, tout prendre d'elle.

J'avais, par des rians portraits,
   Avant de la connaître,
Chanté les plus charmans objets
   Que le ciel a vu naître :
Tous ces portraits, quand je la vois,
   Elle me les rappelle;
Plus ils sont beaux, et plus je crois
   N'avoir peint jamais qu'elle.

Consultant un jour son miroir,
  Hébé, par jalousie,
Regardait, cherchant à se voir
  Belle comme ma mie ;
Et se trouvant pleine d'attraits,
  Elle dit : quel dommage !
Il est vrai, j'ai bien tous ses traits
  Que n'ai-je son langage !

Diane veillait son amant
  Dormant dans la prairie,
Quand, d'un pas léger et charmant,
  Près d'eux survint ma mie :
Quel bonheur, dit-elle tout bas,
  Que mon amant sommeille !
Non, que ses yeux ne s'ouvrent pas !
  Je le perds, s'il s'éveille.

~~~~~

LE PORTRAIT DE MA MIE.

Air :

Qui par fortune trouvera
  Nymphes dans la prairie,
Celle qui tant plus lui plaira,
  Tenez, c'est bien ma mie ;
Si quelqu'une vient à danser,
  Et d'une grâce telle
Qu'elle ne fait les fleurs verser,
  Hé bien, c'est encor elle.

Si quelqu'un dit, avec serment,
  Je donnerais ma vie,
Pour être aimé rien qu'un moment ;
  Tenez, c'est de ma mie :
~~~~~

Si quelque autre suit sans espoir
     La nymphe qu'il adore,
Content du charme de la voir,
     Hé bien ! c'est elle encore.

     Eglé vint aux jeux de Cérès,
  Et fut d'abord suivie ;
Eglé revint le jour d'après,
  On ne vit que ma mie.
Si quelque nymphe a le crédit
  D'être toujours nouvelle
A vos yeux, comme à votre esprit ;
  Tenez, c'est toujours elle.

     L'autre matin, sous ces buissons,
  Une nymphe jolie
Me dit : j'aime tant vos chansons !
  Je dis, c'est pour ma mie :
Pour célébrer ses doux attraits,
  Fait-on chanson nouvelle,
En y songeant l'instant d'après
  On chante encor pour elle.

     Je lui sais maint adorateur,
  Et n'en ai jalousie ;
Amour a mis tout mon bonheur
  Dans celui de ma mie :
Que servirait de m'alarmer ?
  La chose est naturelle ;
Amour l'a faite pour charmer,
  Et nous pour n'aimer qu'elle.

SUR LE TEMPS.

AIR:

PLUS inconstant que l'onde et le nuage,
Le temps s'enfuit : pourquoi le regretter ?
Malgré la pente volage
Qui le force à nous quitter,
En faire usage
C'est l'arrêter.
Saisissons ses faveurs ;
Et si la vie est un passage,
Sur ce passage
Au moins semons des fleurs.

———

Voyez ses *Vains sermens*, *Alexan-
drine*, *l'Instruction prévenue*, etc.

VADÉ. (1)

———

LA FRANCHISE.

AIR:

UNE fille,
Qui toujours sautille,
Dont l'air agaçant
Annonce un feu naissant :

(1) On connaît sa chanson : *Ah ! maman, que je
t'échappe belle !*

Ferme , franche ,
Beaux yeux , gorge blanche ;
Cet objet est tout
Ce qui flatte mon goût.
Morbleu ! quand je vois
Certaine Lucrèce ,
Qui des lois
D'une austère sagesse
M'entretient ,
Et cent fois me tient
De ces propos
Sensés ou bigots :
Moi , sur un ton
Qui la confond ,
Je lui réponds :
Une fille , etc.

Je ris des attraits
De cette coquette
Dont les traits
Naissent à sa toilette :
En vain l'art
Lui prête un rempart ;
Deux fois vingt ans
Ont filé son temps.
L'art , le fracas
Ne valent pas
Une fille , etc.

Pourquoi vante-t-on
Les airs de noblesse ,
Et le ton
De petite maîtresse ,
D'une Iris ,
Qui , minaudant ,
Vous trouve excédant ,

Cligne les yeux,
Et fait des nœuds ?
J'aime bien mieux
Une fille, etc.

~~~~~

LA FEMME CONTRARIANTE.

AIR :

Je n'aimais pas le tabac beaucoup ;
J'en prenais peu, souvent point du tout ;
Mais mon mari me défend cela :
Depuis ce moment là,
Je le trouve piquant,
Quand
J'en peux prendre à l'écart ;
Car
Un plaisir vaut son prix,
Pris
En dépit d'un mari.

~~~~~

LE SUFFISANT.

AIR :

Quel mystère !
Pourquoi me cacher ces appas ?
Quel mystère !
D'honneur, vous ne vous formez pas.

Les jolis bras !
Encor de l'embarras !
Cette rougeur me désespère.

— Hélas !
— De tous vos hélas
Je suis las.
Quel mystère, etc.

Vous fuyez !
Vous partez !
Ah ! parbleu, vous plaisantez.
Je vous tiens. . . . Vous sonnez. . .
— Mais ; — mais vous me surprenez ;
Car pour le sentiment,
Je suis un amant
S'il en fut jamais :
Mais
Je perce le mystère :
Vous jouez ici le refus ;
C'est pour me plaire ;
Oui, ma chère,
Oui, c'est un triomphe de plus.

MARMONTEL.

LE BAISER.

CHANSON.

Air : *Quand vous entendrez le doux zéphir.*

Baiser charmant, signal des plaisirs,
Du tendre amour, flatteuses prémices,
Quel doux espoir luit à mes désirs
Sous tes heureux auspices !

Quels feux naissans !
Quels transports pressans !
La pudeur farouche
Cède et consent.
L'ame est sur la bouche,
Par elle on se touche,
Par elle on se rend.
Baiser charmant, etc.

Fleurs vous naissez ;
Vous embellissez :
Mais le jour expire,
Vous languissez :
Le tendre zéphire
Vous baise, soupire,
Et vous renaissez.
Baiser charmant, etc.

~~~~

L'AMOUR VAINEMENT DÉGUISÉ.

AIR : *Ce que je dis est la vérité même.*

Comment Colin sait-il donc que je l'aime ?
J'ai si bien feint de le haïr !
Est-ce mon cœur qui s'est trahi lui-même ?
Est-ce l'amour qui m'a voulu trahir ?

Avec lui, timide et farouche,
J'ai du plaisir, mais je sais le cacher ;
Je rougis sitôt qu'il me touche,
Je lui défends de me toucher.
Comment Colin, etc.
~~~~

Dans mes yeux il aurait pu lire ;
Mais devant lui j'ai soin de les baisser ;
  Je contrains jusqu'à mon sourire,
  Et je lui dis de me laisser.
Comment Colin, etc.

  Un baiser qu'il croit me surprendre,
M'irrite au point qu'il ne peut m'appaiser ;
  Je lui dis : Tu peux le reprendre,
  Je ne veux pas de ton baiser.
Comment Colin, etc.

BEAUMARCHAIS. (1)

LES ÉGAREMENS D'ELVIRE.

Air *du Maréchal.*

L'INNOCENCE.

La jeune Elvire, à quatorze ans,
Livrée à des goûts innocens,
Voit, sans en deviner l'usage,
Éclore ses appas naissans :
Mais l'Amour, effleurant ses sens,
Lui dérobe un premier hommage :
            Un soupir
            Vient ouvrir
            Au plaisir
            Le passage ;
Un songe a percé le nuage.

----

(1) On connaît son éloge de Robin : *Toujours,
toujours, il est toujours le même.*

L'AMOUR.

Lindor, épris de sa beauté,
Se déclare; il est écouté.
D'un songe, d'une vaine image,
Lindor est la réalité.
Le sein d'Elvire est agité,
Le trouble a couvert son visage :
  Quel moment
  Si l'amant,
  Plus ardent,
  A cet âge,
Pouvait hasarder davantage !

LE MARIAGE.

Mais quel transport vient la saisir !
Cet objet du premier désir,
Qu'avec rougeur elle envisage,
Est l'époux qu'on doit lui choisir.
On les unit : Dieux ! quel plaisir !
Elvire en fournit plus d'un gage.
  Les ardeurs,
  Les langueurs,
  Les fureurs,
  Tout présage
Qu'on veut un époux sans partage.

L'INFIDÉLITÉ.

Dans le monde, un essaim flatteur,
Vivement assiége son cœur.
Lindor est devenu volage,
Il a méconnu son bonheur :
Elvire a fait choix d'un vengeur,
Il la prévient, il l'encourage.

Vengez-vous,
Il est doux
Quand l'époux
Se dégage,
Qu'un amant répare l'outrage.

La Galanterie.

Voilà l'outrage réparé :
Son cœur n'est que plus altéré ;
Des plaisirs le fréquent usage
Rend son désir immodéré ;
Son regard fixe et déclaré,
A tout amant tient ce langage :
Dès ce soir,
Si l'espoir
De m'avoir
Vous engage,
Venez, je reçois votre hommage.

Le Libertinage.

Elle épuise tous les excès ;
Mais, au milieu de ses succès,
L'époux meurt, et, pour héritage,
Laisse des dettes, des procès.
Un vieux traitant demande accès ;
L'or accompagne son message.
Ce coup d'œil
Est l'écueil
Où l'orgueil
Fait naufrage :
Un écrin consomme l'ouvrage.

Le Repentir.

Dans ce fatal abus du temps,
Elle a consumé son printemps ;

La coquette d'un certain âge,
N'a point d'amis, n'a plus d'amans:
Envain, de quelques jeunes gens,
Elle ébauche l'apprentissage.
Tout est dit,
L'amour fuit.
Quel dommage!
Elvire, il fallait être sage.

L'EMPLOI DU TEMPS.

RONDE DE TABLE.

AIR:

Nous n'avons qu'un temps à vivre,
Amis, passons-le gaîment:
De tout ce qui peut le suivre
N'ayons jamais aucun tourment.

A quoi sert d'apprendre l'histoire?
N'est-ce pas la même partout?
Apprenons seulement à bien boire:
Quand on sait bien boire on sait tout.
Nous n'avons qu'un temps, etc.

Qu'un tel soit général d'armée,
Que l'Anglais succombe sous lui;
Moi, qui suis sans renommée,
Je ne veux vaincre que l'ennui.
Nous n'avons qu'un temps, etc.

A courir sur terre et sur l'onde,
On perd trop de temps en chemin;
Faisons plutôt tourner le monde,
Par l'effet de ce jus divin.
Nous n'avons qu'un temps, etc.

Qu'un savant à chercher les planettes,
Occupe son plus beau loisir ;
Je n'ai pas besoin de lunettes
Pour appercevoir le plaisir.
  Nous n'avons qu'un temps, etc.

Qu'un avide chimiste exhale
Sa fortune en cherchant de l'or ;
J'ai ma pierre philosophale
Dans un cœur qui fait mon trésor.
  Nous n'avons qu'un temps, etc.

Au grec, à l'hébreu, je renonce ;
Ma maîtresse entend le français :
Sitôt qu'*à boire* je prononce,
Elle me verse du vin frais.
  Nous n'avons qu'un temps, etc.

~~~~~~~~~~~~~~~~~~~~~~~~~~~~~~~~~~~~~~~

LE MANCEL.

LE MONDE MIEUX ARRANGÉ.

AIR :

Si j'eusse été maître du monde,
Tout irait mieux ici bas :
En vin j'aurais converti l'onde,
La terre ne tournerait pas.

Sous le soleil toujours fixée,
Elle eût offert dans tous les temps,
Les fruits dont Pomone est chargée,
Les fleurs qui parent le printemps.

9
~~~~~~~~~~~~~~~~~~~~~~~~~~~~~~~~~~~~~~~

La nuit qu'à tort on déifie
N'aurait jamais caché les cieux;
Ainsi j'aurais doublé la vie,
Pour donner le temps d'être heureux.

Ce piquant et trop rare obstacle,
Qu'un transport franchit sans retour,
Par un continuel miracle
Renaîtrait au gré de l'amour.

D'une importune tempérance
Loin d'exiger qu'on fût martyr,
J'aurais ôté la jouissance,
Ou j'aurais ôté le désir.

La froide et débile vieillesse
N'aurait jamais glacé les sens,
Et l'homme eût conservé sans cesse
La force et les goûts de trente ans.

Entre le vin et la tendresse
J'aurais partagé ses plaisirs;
L'un n'eût jamais causé d'ivresse,
L'autre jamais de repentir.

D'HERMITTE MAILLANT,

LA CONSTANCE DU SAGE.

Air : *De Joconde.*

Pourquoi tant languir en amour ?
Faut-il qu'on sacrifie
Au plaisir souvent d'un seul jour
Le bonheur de sa vie ?

Toutes les belles à nos yeux
    N'en doivent faire qu'une :
La blonde a ses droits sur nos vœux
    Tout autant que la brune.

Voyez de ce ruisseau voisin
    La source vagabonde !
Chaque fleur a dans ce jardin
    Un tribut de son onde.
Si , pour quelques momens séduit,
    Il ralentit sa fuite,
Le flot , pressé du flot qui suit,
    Soudain le précipite.

Aujourd'hui Lisette a ma foi :
    Mais si je suis fidèle ,
C'est au plaisir qui fait ma loi ;
    C'est lui que j'aime en elle.
Dès demain , s'il paraît s'enfuir ,
    Adieu , je bats des ailes :
Le sage est constant au plaisir ,
    Mais point du tout aux belles.

IMBERT.

LES TROIS AVEUGLES.

Air : *Du serin qui te fait envie.*

Sur la terre , aux cieux et sur l'onde ,
Tout suit le caprice du sort ,
Trois aveugles mènent le monde :
L'Amour , la Fortune , et la Mort.

La vie est un bal que commence
La Fortune tant bien que mal ;
Vient l'Amour qui mène la danse,
Et puis la Mort ferme le bal.

LE PORTRAIT DE CÉLIMÈNE.

AIR *des Trembleurs.*

Pour peindre d'après nature
Célimène en miniature,
Il faudrait que ta peinture
Pût exprimer à la fois,
D'une Nymphe le corsage,
D'une Grâce le visage,
D'une Muse le langage,
D'une Sirène la voix.

LE DISCIPLE DU DOCTEUR ISOIF.

AIR : *De tous les Capucins du monde.*

De Bacchus la veine est glacée ;
Amis, la mode en est passée,
Moi, je veux la ressusciter ;
En deux mots, voici mon histoire :
Je veux, si l'on me fait chanter ;
Ne chanter que chansons à boire.

L'utile joint à l'agréable,
Je le trouve à chanter à table :
Car je tiens du docteur Isoif,
Qui vaut bien le docteur Grégoire,
Que chanter fait naître la soif ;
Et c'est la soif qui nous fait boire.

Triste vertu que l'abstinence !
Nous n'en avons plus d'autre en France :
Chez ces buveurs trop circonspects,
Le pauvre amour languit sans gloire :
Cœurs et gosiers sont toujours secs ;
On sait aimer comme on sait boire.

Nos aïeux étaient véridiques,
Nous sommes faux et politiques :
De l'homme on ne voit plus sortir
Que mensonge et trahison noire,
Il aimerait moins à mentir,
S'il aimait un peu plus à boire.

Après les travaux militaires,
Quand deux plénipotentiaires
Veulent voir la guerre finir,
Ils ont beau signer leur grimoire,
Cet accord ne saurait tenir ;
Ils se quittent toujours sans boire.

Jadis, par de saints hécatombes,
Les Romains honoraient leurs tombes :
Dieu proscrivit ce culte vain ;
Je n'ai pas de peine à le croire ;
Leurs prêtres répandaient le vin ;
Ne valait-il pas mieux le boire ?

Dieu ! quand viendra la fin du monde,
S'il faut que le Ciel nous inonde ;
Fais que ce soit de flots de vin !
L'eau pure ternirait ta gloire :
Et si le monde meurt enfin,
Ne le fais pas mourir sans boire.

Mme DE BOURDIC.

LA HUITAINE.

AIR : *Que ne suis-je la fougère.*

DIMANCHE, je fus aimable ;
Lundi, je fus autrement ;
Mardi, je fus raisonnable ;
Mercredi, je fis l'enfant ;
Jeudi, je fis la capable ;
Vendredi, j'eus un amant ;
Samedi, je fus coupable ;
Dimanche, il fut inconstant.

GROUVELLE. (1)

LA VIEILLE DE SEIZE ANS.

AIR : *Un tendre amant.*

LISE, à quinze ans, plut et fut peu cruelle :
Mais Lise, hélas ! fut quittée à seize ans.
La pauvre enfant, alors n'accusant qu'elle,
Crut d'être aimable avoir passé le temps.

Son miroir même, à ses yeux plein de charmes,
Ne montrait plus ni beauté, ni fraîcheur ;
Toute charmante, elle pleurait ses charmes,
Et cet air simple exprimait son erreur.

(1) On connaît ses charmantes stances *à l'Oreiller de Glycère.*

« J'avais quinze ans quand tu me trouvais belle;
» Un an détruit ma beauté, ton ardeur :
» Mon cœur, hélas ! t'aime encore, infidèle !
» Mais à seize ans peut-on offrir son cœur?

» Tu me pressais : quel feu ! quelle tendresse !...
» Mais j'ai seize ans ; adieu tous les désirs.
» Du doux plaisir je sens encor l'ivresse ;
» Mais j'ai seize ans, adieu tous les plaisirs.

» Quoi! vingt printems que toi-même as vu naître,
» A tous les yeux n'ont fait que t'embellir !
» Moi, j'ai seize ans, je n'ose plus paraître.
» Un an d'amour a donc pu me vieillir !

» Hier, Damon, qui me poursuit sans cesse,
» M'offrait un cœur tout prêt à s'enflammer :
» Allez, lui dis-je, allez à la jeunesse ;
» Moi, j'ai seize ans, on ne doit plus m'aimer.

» Mais non, cruel ! reviens à ta bergère;
» Reviens, pardonne à mes seize printems :
» S'il faut quinze ans, perfide, pour te plaire,
» Viens, dans tes bras j'aurai toujours quinze ans.

BORDE.

LA PETITE RAISONNEUSE.

CHANSON.

AIR : *Que ne suis-je la fougère.*

MAMAN toujours me répète:
Défends-toi contre l'amour :
Hélas ! je suis toute prête ,
S'il vient m'attaquer un jour.

J'aimerais à me défendre,
Mon cœur est las d'être en paix ;
Mais, pour ne pas m'y méprendre,
Maman, peignez-moi ses traits.

Apprends donc, que jeune encore,
Il excite la pitié ;
Doux et tendre à son aurore,
Est semblable à l'amitié ;
Mais bientôt, maitre inflexible,
Rien ne peut le désarmer.
— Qu'a-t-il donc de si terrible,
S'il n'ordonne que d'aimer ?

Garde-toi d'une faiblesse
Que la douleur suit de près.
— Et comment, s'il intéresse,
Peut-on sentir des regrets ?
— Dans le cœur, d'un air timide,
Il entre avec le désir.
Ah ! j'entends ; le mien est vide,
C'est lui qui doit le remplir.

Si tu l'apperçois, ma chère,
Fuis soudain cet imposteur.
— Oui, je vous promets, ma mère,
De le fuir, s'il me fait peur.
— Hélas ! s'il allait te plaire.
— Il a donc bien des appas ?
— C'est un monstre, une vipère.
— Maman, je ne vous crois pas.

— Que dis-tu, jeune étourdie ?
— Mais que vous a-t-il donc fait ?
— Il nous blesse avec furie.
— Avez-vous senti son trait?

—Ses yeux lancent mille flammes.
— Cela doit être bien beau.
— Le traître embrase nos ames.
— Je voudrais voir son flambeau.

Jure-moi, quoiqu'il en coûte
D'échapper à son lien.
— Vous le connaissez sans doute,
Pour en raisonner si bien.
Vous avez bravé sa rage :
Ne me parlez plus de fuir !
Votre exemple m'encourage,
Je veux ou vaincre, ou mourir.

Ma mère, avec ces menaces,
M'a pourtant fait quelque peur :
Licas est brun, plein de grâces,
J'en ferai mon défenseur.
Il me plaît, je lui suis chère :
L'Amour fût-il un démon,
Quand nous serons deux, j'espère
Le réduire à la raison.

AUTRE.

AIR : *Nous sommes précepteurs d'amour.*

On met l'Amour au rang des Dieux ;
J'avais cru long-temps cette fable.
Eglé m'a fait sentir ses feux ;
Ce n'est pas un Dieu, c'est un Diable.

MARÉCHAL.

L'ARITHMÉTIQUE.

A ir : *Nous sommes précepteurs d'amour.*

Lise, par fantaisie, un jour,
Voulut savoir l'arithmétique :
Rien n'est étranger à l'amour :
De savoir tout l'amour se pique.

Il lui donna donc des leçons :
Lise, dans peu, fut très-habile :
C'était pour elle des chansons :
L'amour sait rendre tout facile.

Voici comme il s'y prenait :
Il donnait trois baisers à Lise,
Que Lise aussitôt lui rendait,
En évitant toute méprise.

De ces baisers donnés et pris,
Chacun tenait compte fidèle :
L'amour, des calculs réunis,
Offrait le total à la belle.

S'applaudissant de ces progrès,
A son élève, notre espiègle,
Méditant de nouveaux succès,
Démontre la seconde règle.

Il y passa légèrement ;
L'amour n'aime point à soustraire.
La troisième, plus amplement,
Fut expliquée à l'écolière.

Il voulut tant multiplier !...
Le calcul devint inutile ;
De lui donner tout sans compter,
La belle trouva plus facile.

~~~~~

CONSIGNE A MON PORTIER.

Air : *Réveillez-vous, belle endormie.*

De ma maison, gardien fidèle,
Toi, dont les plus riches cadeaux
N'ont jamais corrompu le zèle,
Voici ta consigne en deux mots.

Chez moi, si l'aveugle fortune
Par hasard, un jour, veut entrer ;
Si l'ambition importune,
Jusques à moi veut pénétrer ;

N'ouvres point : toujours à leur suite
Vole l'essaim des noirs soucis ;
Elles mettraient bientôt en fuite
Le bonheur, la paix et les ris.

A la porte, s'il se présente
Un bel enfant, au doux souris,
Dont la voix est intéressante,
Le jeune amour, fils de Cypris :

Ami, reçois bien sa visite :
C'est pour notre bonheur commun.
A toute heure, ouvres-lui bien vite ;
L'amour n'est jamais importun.

Si la sagesse avait envie
De me parler ; sans la chasser,
Dis-lui que ton maître la prie
D'attendre, ou bien de repasser.

~~~~~

J. QUARTIER.

SON TESTAMENT

(Écrit par lui sur le bureau du greffe criminel, lorsqu'il était près de monter à l'échaffaud ; ayant été condamné pour crime de fausse monnaie.)

AIR:

Adieu, doux charmes de la vie,
Plaisirs et jeux que tant j'aimais !
Et vous amours, douce folie !
Las ! je vous quitte pour jamais !

Buvons, que chacun s'évertue (1),
Qu'ici Bacchus fasse la loi !
A toi, Pluton, je te salue ;
Ce soir je veux boire avec toi.

Et toi, dont le cœur est si tendre,
Les traits si doux et si flatteurs,
Naïs ! tu viendras sur ma cendre,
En voiles noirs verser des pleurs.

Buvons à toi, ma douce amie ;
Crois-moi, prends un amant nouveau ;
Aimer un mort ! quelle manie !
Fait-on l'amour dans un tombeau ?

(1) Parlant à ses complices.

Quoi donc! mourir au plus bel âge (1)!
Si jeune! abjurer les amours!...
Eh bien! qu'importe, à ce passage,
De compter plus ou moins de jours?

. . . .

. . . .

Que sur ma tombe solitaire,
Où pour jamais je vais dormir,
On écrive en beau caractère :
« Il savait vivre.... il sut mourir »

Buvons!.. Bacchus, remplis mon verre;
Vénus, seconde mes efforts.
Couronné de myrte et de lierre,
Je vais descendre chez les morts.

______

(Que n'a-t-il vécu honnête homme!)

______

(1) Il avait vingt-sept ans..

COLLIN D'HARLEVILLE.

——

OUI ET NON.

CHANSON.

AIR (*par M. Béauvarlot-Charpentier*).
Je viens vous consulter, compère,
Sur un point des plus délicats;
Je veux me marier, Lucas;
Me conseillez-vous de le faire?
— Oui, oui, mariez-vous, Colas.

Si j'allais faire une sottise ?
Si, quand j'aurai sauté le pas,
Comme tant d'autres ici-bas,
Un peu trop tard, je me ravisse?
— Non, non, ne vous mariez pas.

J'en ai cependant grande envie;
Mon amoureuse a mille appas;
C'est Babet, la fille à Thomas;
Morgué! je l'aime à la folie.
— Oui, oui, mariez-vous, Colas.

Oui; mais de ma femme, pent-être
Maints grivois poursuivront les pas...
Et je vous avouerai, tout bas,
Que pour rien je ne voudrais être...
— Non, non, ne vous mariez pas.

D'un autre côté, je m'ennuie
Seul à table, entre mes repas;
Les nuits sont bien longues, Lucas;
Au lieu qu'en douce compagnie...
— Oui, oui, mariez-vous, Colas.

Mais si Babet, en diable à quatre,
Veut me traiter du haut en bas,
Moi, qui n'aime point le tracas,
Je serai forcé de la battre...
— Non, non, ne vous mariez pas.

M. LAUJON (1),

DOYEN DES CHANSONNIERS.

CHANSON BACCHIQUE.

Air : *Frère Pierre à la cuisine.*

Ou : *Vaudeville de Jean Monnet.*

Le plaisir, à cette table,
Attend de joyeux refrains,
Sur la liqueur délectable
Où nous noyons les chagrins :
     Au projet,
     A l'objet
Chacun ici doit sourire,
Puisqu'ici chacun peut dire :
« Je suis plein de mon sujet. »

Chers amis, au bruit du verre,
Chassons la triste raison,
Convive un peu trop sévère
Pour l'ivresse et la chanson,
     Fruit charmant
     Du moment,
Et dont, pour charmer l'oreille,
Les glouglonx de la bouteille
Font tout l'accompagnement.

---

(1) Tout le monde connaît sa *Rencontre du premier jour de l'an.*

Ces chansonniers, dont l'ivresse
Fertilisait le cerveau,
Chassaient jusqu'à la paresse
Au nom d'*Amis du Caveau.*
  Maint couplet
  Guilleret,
Fait, sans fatiguer la veine,
Leur montrait, dans l'Hypocrène,
L'emblême du cabaret.

  Ardent à la picorée,
L'oiseau, hâtant son réveil,
Fond sur la grappe dorée
Par les rayons du soleil,
  L'œil mutin,
  Le lutin,
Abreuvé sur le treillage,
Va chanter, sous le feuillage,
Son ivresse et son butin.

  Si le coursier de Silène
Quitte les chardons pour lui,
Sous sa pesante bedaine
S'il voyage sans ennui,
  C'est qu'il croit,
  C'est qu'il voit
Qu'en remuant bien sa croupe,
Du tremblant vieillard la coupe
En répand plus qu'il n'en boit.

  Quand Bacchus, las d'Erigone,
Reprend son Tyrse à sa main,
Et qu'il montre, sur la tonne,
Les plaisirs du genre humain,
  Sa soif croit
  Dès qu'il voit

Cent Ménades, cent Bacchantes,
Tour à tour impatientes
De fournir aux coups qu'il boit.

Comment crut-on pour Tentale
Créer le plus grand des maux,
Dans cette soif sans égale
Qu'il conserve aux sein des eaux?
        Les destins
        Que je plains,
Ce sont ceux des Danaïdes,
De remplir des tonneaux vides,
Sans jamais boire de vins.

Si certain fou, dans l'Attique,
Tout le jour, lanterne en main,
Crut, par son humeur caustique,
Éclairer le genre humain,
        Vin nouveau,
        Bu sans eau,
Le soir, montrait sa folie;
Car, pour mieux sentir la lie,
Il couchait dans un tonneau.

L'ambroisie est l'assemblage
Des vins les plus précieux,
Dont l'extrait forme un breuvage,
Le seul dont boivent les Dieux;
        Jus divin!
        C'est envain
Qu'on te cite avec emphâse;
Ici, quand le goût se blâse,
Nous pouvons changer de vin.

Hercule, un jour de miracles
Dérouta les connaisseurs,
En levant cinquante obstacles,

Pour charmer cinquante sœurs;
L'eût-il pu,
S'il n'eût su,
Pour opérer ces merveilles,
Faire à cinquante bouteilles,
Tour à tour lever le cu?

C'est un fier trait de prudence,
Puisqu'il prouve aux grands buveurs
Que Bacchus, pour l'inconstance,
Garde toutes ses faveurs.
Chaque jour,
Sans détour,
Buvant, versant à la ronde,
Que tous les vins de ce monde
Nous énivrent tour à tour.

~~~~~

LA SCRUPULEUSE.

AIR:

Ce fut un dimanche au soir,
Qu'il f'sait bien noir;
J'venais d'cueillir la violette;
Lucas, surpris de me voir,
M'dit : N'as-tu pas peur seulette!
Prends mon bras...
Nenni, Lucas,
Ça n'se prend pas.

Le drôle, en mon tablier,
Voulait piller
Bouquets cueillis pour ma mère,
S'offrant à me les payer.
Mais je lui dis en colère :
Pour qui me prenez-vous, Lucas,
Ça n'se vend pas.
~~~~~

Il m'en prit un, le lutin ;
    De ce larcin
L'ame toute satisfaite ,
I' m' dit : Viens ça , dans ton sein ,
Bergère , que je le mette.
J'l'i dis : Je vous mordrai, Lucas ;
    Ça n'se fait pas.

    Il triompha cette fois ;
        Plus que ma voix
Toujours sa main fut alerte :
V'là l'bouquet mis : le matois ,
De rien ne se déconcerte.
C'qui me console un peu, Lucas ,
    Ça n'se voit pas.

~~~~

LES VAPEURS.

Air :

Ah ! vous allez parfumer d'ambre
        Ma chambre ;
    Sortez , sortez.
Z'ai l'odorat d'une finesse !
        Sans cesse
    Vous m'entêtez.
Faut-il que mon goût s'accommode
    Avec ces odeurs ,
        Ces fadeurs ?
L'abbé , vous êtes incommode !
    Z'ai des vapeurs !...
        Zé me meurs !...

Vous restez malgré ma colère :
        Que faire

Pour respirer ?
Otons, pour voir, ma palatine....
Zustine,
Viens m'éclairer.
Ah ! l'abbé, ze suis scrupuleuse...
Mais vous m'irritez :
Vous l'ôtez !
Finissez... Ze suis shatouilleuse,
Z'ai des vapeurs !...
Ze me meurs !...

Vos yeux parlent trop, ce me semble ;
Ze tremble
De m'éclaircir.
Ou si vous me parlez de flâme...
Ze pâme
De plaisir.
Oh ! non, ze n'en suis pas maîtresse ;
C'est plus fort que moi,
Sur ma foi :
Dès qu'on me parle de tendresse,
Z'ai des vapeurs !...
Ze me meurs !...

L'abbé, vous êtes ridicule ;
Ma mule
Va vous punir.
Otez-vous donc, ze perds haleine...
A peine
Puis-ze y tenir....
Quel trouble en moi faites-vous naître !
Ah ! ze m'affaiblis...
Ze pâlis...
Ze sancelle ! ze tombe !... Ah ! traître !
Z'ai des vapeurs !...
Ze me meurs !...

COUPLETS

D'un vieillard pour une jeune dame qui lui demanda de faire son portrait, avec l'intention de ne jamais payer le peintre.

Air : *On compterait les diamans.*

Annette veut que de ses traits
Je trace le portrait fidèle;
Mais comment peindre tant d'attraits,
Découragé par mon modèle?
Oublions la rigueur qu'elle a,
Ne songeons qu'au soin qui la flatte!
Et voyons qui se lassera,
Moi d'aimer, elle d'être ingrate. (*bis.*)

Joli minois, traits délicats,
Bras arrondis, et peau douillette,
Sont d'abord les premiers appas
Qui fixent nos yeux sur Annette :
Son teint a la blancheur du lys,
Et sur ses lèvres, demi-closes,
L'amant, par un baiser surpris,
Croit faire épanouir deux roses. (*bis.*)

Jambe mignone, et pied mignon,
Qui sied à sa démarche leste,
Et nous donne un échantillon
Du bien qu'on doit penser du reste;
Puis, sa taille que le plaisir
Jamais ne rendît rondelette;
Puis, ce qui fixe le désir,
Que l'on peint mal à l'aveuglette. (*bis.*)

Son nez semble narguer l'amour,
Que ses yeux bleus nous font connaître,
En laissant croire, chaque jour,
Qu'on ne fuit pas ce qu'on fait naître :
Mais son esprit malicieux,
Trop enclin à la raillerie,
Trouve, dans mes plus doux aveux,
Un sujet de plaisanterie. (*bis.*)

Elle a tout ce que la beauté
N'a pas pour fixer la tendresse ;
Plus de douceur que de fierté,
Moins d'éclat que de gentillesse....
« Ah ! s'il faut que chaque saison,
» Que tout âge à tes lois se plie,
» Annette, prête à la raison
» Quelques joujoux de la folie. (*bis.*)

« As-tu réveillé le désir
» Dans le cœur d'un sexagénaire,
» Pour qu'il ne revit le plaisir
» Que comme un être imaginaire !
» Si le feu de tes yeux a l'art
» De fondre les glaces de l'âge,
» L'honneur n'est pas pour le vieillard,
» Mais pour l'objet qui l'encourage. » (*bis.*)

~~~~~

M. SÉGUR aîné, au nom de la *Société
du Vaudeville*, lui a répondu sur-le-
champ :

AIR : *Nous sommes précepteurs d'amour.*

Vous trompez la marche du temps,
Par votre chant brillant et tendre ;
~~~~~

Et c'est l'*Amoureux de quinze ans,*
Que nous croyons toujours entendre.

On prépare le Recueil des chansons
de M. LAUJON. On est sûr d'y trouver
partout la gaieté la plus vraie et la
plus aimable.

M. DE BOUFLERS.

CHANSON.

FAISONS l'amour, faisons la guerre;
Ces deux métiers sont pleins d'attraits :
La guerre au monde est un peu chère;
L'amour en rembourse les frais.
Que l'ennemi, que la bergère
Soient tour à tour serrés de près !
Quand on a dépeuplé la terre,
Il faut la repeupler après.

AUTRE.

ADRESSÉE A Mlle DE B***.

AIR :

Tout à mes yeux me peint d'Adélaïde
L'aimable et séduisant portrait.
Partout je la vois trait pour trait;
Mon esprit de plaisirs avide
Voit sans cesse ce qui lui plaît.

Lorsque je sors, les yeux d'Adélaïde
Sont le soleil qui me conduit;
Pendant les horreurs de la nuit,
C'est l'astre brillant qui me guide;
Partout son image me suit.

Lorsque j'écris, le nom d'Adélaïde
Sous ma plume vient se placer;
J'aurais beau vouloir l'effacer,
Ma main, que le tendre amour guide,
Est toujours prête à le tracer.

Quand je dors, je vois Adélaïde
Comme si je ne dormais pas;
Je vois ses graces, ses appas,
Ses traits en qui l'amour réside:
Quand je dors, que ne vois-je pas?

Je vois encor ma chère Adélaïde
Se rendre sans peine à mes vœux;
Je la vois approuver mes feux,
Et moi je deviens moins timide:
Quand je dors, que je suis heureux!

LA FEMME ET LE PHILOSOPHE.

CHANSON DIALOGUÉE.

AIR: *L'avez-vous vu mon bien aimé?*

LE PHILOSOPHE.

Pour la raison, c'est un poison
Que d'avoir l'ame tendre

LA FEMME.

De ce poison, n'a pas raison
Qui cherche à se défendre.

LE PHILOSOPHE.

Douce raison! triste poison!

LA FEMME.

Charmant poison! triste raison.

LE PHILOSOPHE.

Point de poison; à la raison
    Il faut bien qu'on se rende.

LA FEMME.

Point de raison, c'est du poison.
    Monsieur, qu'on vous demande.

~~~~~

LA BERGÈRE.

CHANSON.

AIR: *C'est Geneviève, dont le nom.*

DANS de riches appartemens
On a vingt meubles différens;
    Un seul m'est nécessaire.
Mieux qu'avec un sopha doré
Mon petit réduit est paré   (*bis.*)
    D'une simple bergère.

L'étoffe en est de blanc satin;
Elle a de la fleur du matin
    La fraîcheur printannière:
Le lustre en est aussi parfait
Que le jour même que j'ai fait (*bis.*)
    L'essai de ma bergère.

10
~~~~~

Dans ses contours bien arrondis,
Entre deux coussins rebondis
    Mon bonheur se resserre ;
J'aime à m'y trouver à l'étroit ;
Et chaudement quand il fait froid, *(bis.)*
    Je suis dans ma bergère.

Le jour, la nuit, sans embarras,
Joyeux, je goûte, dans ses bras,
    Un repos salutaire ;
Avec délice je m'étends :
Ah ! quel plaisir quand je me sens   *(bis.)*
    Au fond de ma bergère !

Je n'en sors qu'avec des regrets ;
Souvent j'y rentre, et j'y voudrais
    Passer ma vie entière.
Elle charme tout connaisseur ;
Mais c'est moi seul qui par bonheur *(bis.)*
    Me sers de ma bergère.

AUTRE.

Air : *Que ne suis-je la fougère.*

    Tu disais que l'amour même
Ne pourrait m'ôter ton cœur :
Tu trouvais le bien suprême
A me prouver ton ardeur :
Tu me peignais la tendresse ;
Hélas ! c'est moi qui la sens :
Tu jurais d'aimer sans cesse ;
Et je tiens tous tes sermens.

M. GARNIER.

LISE.

Air : *D'un bouquet de romarin.*

J'ai vu Lise hier au soir ;
    Lise était charmante :
Mais, hélas ! j'ai cru la voir
    Triste et languissante.
Vous croyez qu'avec Lycas,
C'est quelques nouveaux débats :
Non, vous ne devinez pas
    Ce qui la tourmente.

Avec Lycas, l'autre jour,
    La jeune innocente
A cueilli des fleurs d'amour :
    Mais trop imprudente,
Elle tremble d'avoir pris
Parmi les fleurs quelques fruits ;
Et voilà, mes chers amis,
    Ce qui la tourmente.

Déjà Phébé, dans son cours,
    Lui paraît trop lente ;
Un courrier, depuis deux jours,
    Trompe son attente ;
Et chacun peu consterné
De son sort infortuné,
Lui voudrait avoir donné
    Ce qui la tourmente.

M. PHILIPPON LA MADELAINE.

LAISSEZ-MOI FAIRE.

AIR : *L'amour est un enfant trompeur.*

L'AMOUR a, de tout temps, été
 Espiègle et volontaire ;
Des Dieux, c'était l'enfant gâté,
 Ils aimaient tant sa mère !
Et comment se mettre en courroux ?
L'enfant disait, d'un ton si doux :
 Laissez, laissez-moi faire. (*bis.*)

Les Grâces mêmes souriaient
 Aux bons tours de leur frère ;
Iris, Hébé le caressaient
 Quoiqu'il fût téméraire ;
Mais, à tort, Junon le grondait ;
Car jamais il ne lui disait :
 Laissez, laissez-moi faire. (*bis.*)

Chez l'Innocence il s'oublia.
 Alors d'un air sévère,
Minerve dit : « Respectez-là,
 » C'est ma fleur la plus chère.
» Du respect, reprend le fripon !
» A la rose il faut un bouton :
 Laissez, laissez-moi faire. (*bis.*)

Mais il en fit tant qu'à la fin
 Le maître du tonnerre,

Pour corriger ce libertin
  L'exila sur la terre.
« Bon, dit-il, je verrai là-bas
» Nouveaux minois, nouveaux appas...
  Laissez, laissez-moi faire. (*bis.*)

 Chez les humains il déploya
  Sa malice ordinaire,
Et Jupiter sentait déjà
  Renaître sa colère.
L'Hymen lui dit : « Je saurai bien
» Mettre à la raison ce vaurien :
  Laissez, laissez-moi faire. (*bis.*)

 Il tient parole, et quand deux cœurs
  Brûlent d'un feu sincère,
Il les unit ; l'amour, en pleurs,
  Fuit et se désespère.
Ah ! belle Eglé ! vengeons l'amour ;
Pour punir l'Hymen à son tour !
  Laissez, laissez-moi faire. (*bis.*

<hr>

AU REVOIR.

Air : *Femmes, voulez-vous éprouver ?*

Le mot *Adieu* coûte des pleurs,
Il fait craindre une longue absence ;
Mais *au Revoir* prend les couleurs,
Et le charme de l'espérance :
Un cœur tendre vit pour l'espoir ;
Oui, même au départ de la vie,
Il est doux de dire *au revoir*
A ses amis, à son amie.

Au revoir, veut dire à demain,
Chez l'amant brillant de jeunesse;
Puis, à huit jours, au mois prochain,
Ce mot ajourne la tendresse :
Puis, malgré le meilleur vouloir,
On ne s'en sert que pour la forme;
Vieillard qui dit : belle *au revoir* !
Lui dit : « attendez-moi sous l'orme ».

Entre les femmes et le vin
Passe-t-on gaîment la journée,
Au revoir calme le chagrin
De la voir trop tôt terminée :
Moi, je l'ai pris pour mot du guet;
Je dis le jour, comme la veille :
« Lise, *au revoir* dans le bosquet !
» Amis, *au revoir* sous la treille ».

LES BAISERS.

COUPLETS ÉROTIQUES.

Air : *Que ne suis-je la fougère; ou : Ce mou-
choir, belle Raimonde.*

A seize ans, je vis Zélide;
Zélide sut m'enflammer;
Mais qu'on est simple et timide
Quand on commence d'aimer !
Un sourire, un regard même
Embellissait mon destin,
Et j'appelais bien suprême;
Un baiser pris sur sa main.

Tant que l'on aime, on desire,
Sous un saule, elle dormait,
Et, de son aile, Zéphire
Tendrement la caressait.
Sa joue était plus vermeille !
J'y veux cueillir un baiser :
Mon embarras la réveille,
Mais le sien me dit d'oser.

De roses fraîches comme elle,
Son corset brille, un matin ;
« Que Flore, lui dis-je, est belle,
» Quand pour trône, elle a ton sein »!
Aussitôt, j'approche et j'ose,
Sur la foi d'un dieu fripon ; . . .
Je feins de sentir la rose,
Et je baise le bouton.

Je prenais un nouvel être,
A chaque nouveau baiser ;
Je vis deux pigeons paraître,
Et leurs becs s'entrelacer.
Mes yeux, les siens se troublèrent,
Tous mes sens furent émus,
Et nos lèvres imitèrent
Les oiseaux chers à Vénus.

Dans une grotte, l'orage,
Un soir, nous avait conduits;
Le lieu, le temps encourage:
Un nouveau baiser fut pris.
Quel baiser ! amant, maîtresse,
Goûtez-en bien la douceur !
Les autres sont des caresses:
Celui-là. . . . c'est le bonheur.

CHANSON DE TABLE.

AIR : *Eh ! gai , gai , gai , mon officier,*

CHANTONS , buvons : ce n'est qu'ici
  Que la vie
  Est jolie.
Chantons, buvons, ce n'est qu'ici
  Qu'on nargue le souci.

  Une onde fugitive ,
  Voilà notre destin ;
  Mais le ciel, sur la rive ,
  Fait croître le raisin.
Chantons , buvons, etc.

  Peine , ennui, jalousie .
  Assiègent nos foyers ;
  Mais ici l'on oublie
  Jusqu'à ses créanciers.
Chantons, buvons, etc.

  Laissons un Dieu volage
  Amuser des enfans,
  On n'aime qu'au bel âge ,
  On boit dans tous les temps.
Chantons, buvons, etc.

  Trois valses, à Cythère,
  Epuisent un danseur;
  Vider vingt fois son verre,
  N'est rien pour un buveur.
Chantons , buvons, etc.

  Combien d'heures chagrines
  Suivent les doux ébats !
  La rose a des épines ,
  Le pampre n'en a pas.
Chantons, buvons, etc.

Belles qu'amour condamne
A de tendres langueurs,
Imitez Ariane,
Bacchus sécha ses pleurs.
Chantons, buvons, etc.

Garde, fils de Latone,
Tes neuf sœurs, ton ruisseau,
J'ai, pour muse, Erigone,
Pour Parnasse, un caveau.
Chantons, buvons; ce n'est qu'ici
Que la vie
Est jolie.
Chantons, buvons; ce n'est qu'ici
Qu'on nargue le soucis.

~~~~~

L'AGE DE LA DANSE.

RONDE A DANSER.

(Chantée et dansée par des demoiselles
de quinze ans.)

AIR : *C'est le gros Thomas qu'est le passeux
de not' rivière.*

La mère Bontemps
S'en allait, disant aux fillettes :
Dansez, mes enfans,
Tandis que vous êtes jeunettes.
La fleur de gaîté
Ne croit pas l'été;
Née au printemps, comme la rose,

10..
~~~~~

Cueillez-la, dès qu'elle est éclose,
Dansez à quinze ans!
Plus tard, il n'est plus temps.

LE CHŒUR.

Dansons à quinze ans !
Plus tard, il n'est plus temps.

A vingt ans, mon cœur
Crut l'amour un Dieu plein de charmes,
Ce petit trompeur
M'a fait répandre bien des larmes ;
Il est exigeant
Boudeur et changeant;
Fille qu'il tient sous son empire,
Fuit le monde, rêve et soupire :
Dansez à quinze ans,
Plus tard, il n'est plus temps.

LE CHŒUR.

Dansons à quinze ans,
Plus tard, il n'est plus temps.

Les jeux et les ris
Dansèrent à mon mariage ;
Mais bientôt j'appris
Qu'il est d'autres soins en ménage :
Mon homme grondait ;
Mon enfant criait ;
Moi, ne sachant auquel entendre,
Sous l'ormeau, pouvais-je me rendre ?
Dansez à quinze ans,
Plus tard, il n'est plus temps.

LE CHŒUR.

Dansons à quinze ans,
Plus tard, il n'est plus temps.

L'instant arriva
Où ma fille me fit grand'mère.
Quand on en est là,
Danser n'intéresse plus guère;
On tousse en parlant,
On marche en tremblant;
Au lieu de sauter la gavotte,
Dans un grand fauteuil, on radote :
Dansez à quinze ans,
Plus tard, il n'est plus temps.

LE CHŒUR.

Dansons à quinze ans,
Plus tard, il n'est plus temps.

Voyez les amours
Jouer encor près de Louise (1);
Elle plaît toujours;
Au bal, elle serait de mise :
Comme moi, pourtant,
Sans cesse on l'entend
Dire et redire à ses fillettes,
Si gentilles, si joliettes,
Dansez à quinze ans,
Plus tard, il n'est plus temps.

LE CHŒUR.

Dansons à quinze ans,
Plus tard, il n'est plus temps.

(1) Louise de V. . . . institutrice.

LES AILES.

AIR : *La pipe de tabac.*

RIMEURS, quelle ardeur vous transporte ?
Vous mettez des *ailes* partout :
L'Amour en a ; le temps en porte ;
La Mort même en a pris le goût :
Le Génie, ainsi que le Zèle,
Par là veulent aussi briller ;
L'Amitié seule n'a point d'*aile*,
Elle ne sait pas s'envoler.

Sur l'*aile* des Heures, l'Aurore
Vient ouvrir les portes du Jour :
D'un coup d'*aile*, Zéphir à Flore,
Du Printemps marque le retour.
Auprès de la naissante rose,
On va sur l'*aile* du Désir ;
On prend, sitôt qu'elle est éclose,
L'*aile* du papillon pour fuir.

On donne des *ailes* aux Songes,
Celles-là j'en suis enchanté :
Trop souvent leurs jolis mensonges,
Valent mieux que la vérité.
Pégase est *ailé*, mais bisarre ;
Quand on croit qu'il vous porte aux cieux,
Ses *ailes* sont celles d'Icare,
Et l'on fait le saut périlleux.

D'*ailes* une armée est pourvue,
Quoiqu'elle marche à pas très-lents ;
Pour rester dans la même rue,
Vitruve en met aux bâtimens.

Que de gens font le diable à quatre,
Pour se donner un air vaillant,
Qui n'ont jamais su que combattre
Des *ailes* de moulin à vent !

Parmi ces *ailes* on peut croire
Que je laisse chacun choisir ;
La Renommée et la Victoire
Peuvent encor vous en offrir.
Moi, d'un vol sublime, incapable ;
L'*aile* des plaisirs me suffit :
Qu'ils me portent du lit à table,
Puis après, de la table au lit.

M. SÉGUR AÎNÉ.

ÉLOGE DE LA FOLIE.

AIR : *De la croisée.*

AMIS, croyez-moi, la raison
Ne fait que hâter la vieillesse :
Son froid et dangereux poison
Fane les fleurs de la jeunesse :
Sa grâce, funeste aux désirs ;
Eteint le flambeau de la vie ;
Il n'est ni talent, ni plaisirs,
     Sans un peu de folie.   (*bis.*)

L'amant heureux rêve toujours
Que sa maîtresse est la plus belle :
Couvert du bandeau des amours,
Il la voit parfaite et fidèle.

C'est à ce songe séducteur
Qu'il doit le charme de la vie.
On ne croirait pas au bonheur
　　Sans un peu de folie,　(*bis.*)

　Je ne dirai rien des cerveaux
De nos faiseurs de tragédies ;
Nous troublons assez leur repos
Par nos malignes parodies.
Tous les favoris des neuf sœurs
En délire passent leur vie.
On n'aurait que de froids rimeurs
　　Sans un peu de folie.　(*bis.*)

　　Quand, malgré nous, le noir chagrin
Flétrit notre cœur et l'oppresse,
Bacchus, avec son jus divin,
Vient dissiper notre tristesse.
La raison, c'est là mon refrein,
Cause tous les maux de la vie :
Noyons-la vite dans le vin,
　　Et chantons la folie.　(*bis.*)

~~~~

LA PÊCHE.

AIR : *Chansons, chansons.*

UN jour l'amour, avec finesse,
Dit : « l'olivier à la sagesse
　» Doit s'attacher ;
» C'est le laurier que Mars préfère ;
» Mais ce qui convient à ma mère
　C'est le pêcher.

Sur la *pêche* qui se colore
On voit Hébé, Pomone et Flore
　Se rapprocher :
~~~~

Elle est si brillante et si fraîche,
Que tout le monde aime la *pêche*
    Et le pêcher.

  Elle a d'autres appas encore ;
Le fin duvet qui la décore
    Plaît au toucher :
Ce duvet que Zéphir caresse
Est le charme de la jeunesse
    Et du pêcher.

  Eve aimait un peu trop la pomme,
C'est aussi ce qu'au premier homme
    J'ai reproché.
En pareil cas, s'il faut qu'on pêche,
A sa place, pour une *pêche*
    J'aurais péché.

  Un joli sein, de forme ronde,
Qu'une bergère fraîche et blonde
    Ne peut cacher,
Vénus nous rappelle ta pêche ;
Et ce sein là, mieux que moi, prêche
    Pour le pêcher.

  Les uns trouvent la poire exquise,
Et les autres pour la cerise
    Peuvent pencher ;
Mais, je ne vois qui m'empêche
De donner la pomme à la *pêche*
    De mon pêcher.

~~~~~

CHANSON MORALE.

AIR : *Du vaudeville de la Soirée orageuse.*

RIONS, chantons, aimons, buvons,
En quatre points, c'est ma morale ;
~~~~~

Rions, tant que nous le pouvons,
Afin d'avoir l'humeur égale.
L'esprit sombre que tout aigrit,
Tourmente tout ce qui l'environne ;
Et l'homme heureux qui toujours rit
Ne fait jamais pleurer personne.

Souvent les plus graves leçons
Endorment tout un auditoire ;
Mettons la morale en chansons,
Pour la graver dans la mémoire :
A ses vœux un chanteur, dit-on,
Rendit l'enfer même docile :
Orphée a montré qu'un sermon
Ne vaut pas un bon vaudeville.

Quand Dieu noya le genre humain,
Il sauva *Noé* du naufrage ;
Et dit, en lui donnant du vin :
« Voilà ce que doit boire un sage. »
Buvons-en donc jusqu'au tombeau :
Car, d'après l'arrêt d'un tel juge,
Tous les méchans sont buveurs d'eau ;
C'est bien prouvé par le déluge.

Un cœur froid qui jamais n'aima,
Du ciel déshonore l'ouvrage ;
Et pour aimer, Dieu nous forma,
Puisqu'il fit l'homme à son image.
Il faut aimer, c'est le vrai bien :
Suivons, amis, ces lois divines !
Aimons toujours notre prochain,
En commençant par nos voisines.

LES SOUVENIRS.

Air: Quand l'Amour naquit à Cythère.

J'ai quelquefois chanté la gloire,
J'ai plus souvent chanté l'amour :
Près d'eux, les filles de Mémoire
Me conduisirent tour à tour.
Détruisant tout sur son passage,
Le Dieu qui chasse les plaisirs,
M'avertit qu'il faut à mon âge
Ne chanter que les souvenirs.

Le souvenir, présent céleste,
Ombre des biens que l'on n'a plus,
Est encor un plaisir qui reste
Après tous ceux qu'on a perdus.
Des erreurs de l'adolescence
Le temps cherchant à nous guérir,
Nous apporte l'expérience
Sur les ailes du souvenir.

L'amour, qu'en changeant on offense,
Se plaint de cet oubli du cœur ;
Il a raison, car la constance
Est le souvenir du bonheur :
Par lui, le passé recommence,
Il enrichit notre avenir ;
Et la douce reconnaissance
Est la fille du souvenir.

Avec plaisir on voit l'image
Du péril que l'on a bravé ;
On se plait à peindre l'orage,
Au port où l'on est arrivé.

Il est des peines, dans la vie,
Qu'un cœur bien tendre aime à sentir ;
Il goûte en sa mélancolie
La volupté du souvenir.

Que de beaux jours notre jeunesse
A vu promptement s'écouler !
Quelquefois dans notre vieillesse,
La gaité peut les rappeler.
Des trésors que Flore nous donne ;
On ne peut pas long-temps jouir ;
Mais le parfum des fruits d'automne
Du printemps, est un souvenir.

L'AMOUR PRIS A LA PIPÉE.

AIR : *Des deux jumeaux de Bergame.*

Ou : *Avec les jeux dans le village.*

L'AMOUR, un soir, dans un bocage,
Descend pour prendre du repos ;
En voltigeant sur le feuillage,
Il est pris par mille gluaux :
Il se débat, se désespère,
Tombe de rameaux en rameaux,
Au pied d'une jeune bergère,
Qui guettait là d'autres oiseaux.

Sortant de sa cachette, Lise
Accourt, en l'entendant crier ;
Mais, Dieux ! quelle fut sa surprise,
A l'aspect de son prisonnier !
« Quels jolis traits ! quel beau plumage !
Dit-elle, approchant pas à pas :
» Si c'est un oiseau de passage,
» Tâchons qu'il ne m'échappe pas. »

Lise, aussitôt, dans sa volière,
L'enferme avec rapidité :
L'Amour déguise sa colère,
Sous un air de timidité :
« Ah ! lui dit-il, point d'esclavage !
» Pour me ravir ma liberté,
» Vous n'avez pas besoin de cage ;
» Car je suis partout la beauté. »

Déjà, par sa douce éloquence,
Lise se sentait attendrir ;
Lorsque sa mère, avec prudence,
Lui dit : « Prends garde, il va s'enfuir !
» Ne perds point de temps à l'entendre,
» Coupe ses ailes, sans tarder ;
» Il est facile de le prendre,
» Et mal aisé de le garder. «

Par ce conseil, Lise enhardie,
Conserva le volage oiseau :
Elle excita la jalousie
Des jeunes filles du hameau :
Les voilà toutes occupées
A guetter cet oiseau charmant ;
Mais on prétend qu'à ces pipées,
C'est toujours l'Amour qui les prend.

Seule tu peux, de cette chasse
Nous apprendre tous les secrets ;
Lise, ton appât, c'est ta grâce,
Et tes piéges, sont tes attraits :
Le dieu léger, malgré tes charmes,
Aurait pu s'envoler, un jour ;
Mais tes vertus, voilà les armes
Qui coupent l'aile de l'Amour.

(*Voyez* tout le Recueil de M. Ségur aîné, où la
grace s'allie communément à la gaieté.)

M. SÉGUR Fils.

POINT D'AMITIÉ.

Air : *Quand l'Amour nâquit à Cythère.*

Tu dis que l'Amitié sévère
Nous doit seule unir en ce jour ;
Mais dans un cœur qui sut te plaire,
Rien ne peut remplacer l'Amour :
Je t'aimerai, quoique tu fasses ;
Mon refus est justifié,
Quand c'est par la bouche des Grâces,
Que l'Amour m'offre l'Amitié.

A l'inconstance, ma Délie,
C'est ne donner qu'un nom plus doux ;
On jure d'aimer pour la vie ;
Mais l'Amour vieillit avant nous ;
Il faiblit, cherche moins à plaire,
Et puis, de nom, change un beau jour ;
Entre amans, l'Amitié n'est guère
Que la vieillesse de l'Amour.

Mais, dans l'âge heureux de l'ivresse,
A la raison, quoi ! tu prétends !
C'est dans la fleur de la jeunesse,
Vouloir cueillir le fruit du temps :
Plus d'un vieux sage, ici, l'exige ;
Mais il est un peu fol, je crois,
De vouloir, sur la même tige,
La fleur et le fruit à la fois.

SUR LE CHEMIN A SUIVRE.

Air : *Il faut de la santé pour deux.*

Sortant du chemin de l'enfance,
Mille sentiers frappent mes yeux ;
Je m'arrête, le Temps avance,
Me pressant de choisir l'un d'eux :
« Pour te distinguer et pour plaire,
» Prends, me dit-il, le moins connu ;
» Crois-moi, le pied ne manque guère
» Dans un sentier déjà battu.

 » Celui que trace la prudence,
» Par tes yeux ne peut être vu ;
» Cherche celui de l'innocence,
» Depuis longtemps il est perdu.
» Pour l'amour, j'en donne la preuve,
» A bien plus d'un nouveau venu,
» Souvent sa route, qu'on croit neuve,
» Est un sentier déjà battu.

 » Vois-tu celui de la constance ?
» C'est un chemin presqu'inconnu ;
» Celui du plaisir semble immense,
» Dans l'instant il est parcouru.
» Le choix encore t'embarrasse !
» Prends le sentier de la vertu ;
» Crains surtout d'en perdre la trace,
» Car ce sentier n'est pas battu. »

SÉGUR JEUNE.

LE VOYAGE DU TEMPS.

Air : *La pitié n'est pas de l'amour.*
Ou : *Rajeunir par la beauté.*

A voyager passant sa vie,
Certain vieillard, nommé le *Temps*,
Près d'un fleuve arrive, et s'écrie :
« Ayez pitié de mes vieux ans.
» Eh quoi ! sur ces bords on m'oublie,
» Moi qui compte tous les instans !
» Mes bons amis, je vous supplie,
» Venez, venez *passer le Temps.* »

De l'autre côté, sur la plage,
Plus d'une fille regardait,
Et voulait aider son passage,
Sur un bateau qu'Amour guidait :
Mais une d'elles, bien plus sage,
Leur répétait ces mots prudens :
« Ah ! souvent on a fait naufrage,
» En cherchant à *passer le Temps.* »

L'Amour, gaîment pousse au rivage,
Il aborde tout près du *Temps ;*
Il lui propose le *voyage,*
L'embarque, et s'abandonne aux vents.
Agitant ses rames légères,
Il dit et redit, dans ses chants :
« Vous voyez bien, jeunes bergères,
» Que l'Amour fait *passer le Temps.*

Mais, tout à coup, l'Amour se lasse,
Ce fut toujours là son défaut;
Le *Temps* prend la rame à sa place,
Et lui dit : « Quoi! céder sitôt!
» Pauvre enfant! quelle est ta faiblesse!
» Tu dors, et je chante, à mon tour,
» Ce vieux refrein de la sagesse :
Ah! le *Temps* fait *passer* l'Amour. »

LA PUDEUR.

Air : *Quand l'Amour nâquit à Cythère.*

Ne pas tout dire, est une adrese,
Ne pas tout montrer est un art;
Le voile ôté, tout charme cesse;
Entr'ouvert, il plaît au regard :
Il est une heureuse alliance
Et de l'esprit et de l'amour,
Qui fait connaître la puissance
Du *demi-mot*, du *demi-jour*.

Phœbé pour un mortel s'enflamme;
Mais, modeste en sa volupté,
Plus l'amour découvre son ame,
Plus elle voile sa clarté :
Ce mot *j'aime* en sa bouche expire,
Son amant l'essaie à son tour;
Qui cause leur tendre délire?
Le *demi-mot*, le *demi-jour*.

Toi, si belle, et toujours si tendre,
La Valière, au déclin du jour,
Sans croire que l'on peut t'entendre,
Tu viens soupirer ton amour:

Louis devine sa victoire,
Son bonheur échappe à sa cour;
Il doit ce doux instant de gloire
Au *demi-mot*, au *demi-jour*.

Aimable emblême du mystère,
Voile de pudeur et d'amour,
A l'art d'aimer, à l'art de plaire,
Prêtez votre ombre tour à tour;
Qu'amour délicat vous conduise,
Tendres amans, et sans retour,
Prenez à jamais pour devise,
Le *demi-mot*, le *demi-jour*.

ÉLOGE DE LA GAITÉ.

Air: *Vaudeville des Veuves.*

Douce compagne du bonheur,
O toi, toujours si séduisante!
Toi qui plais à l'esprit, au cœur,
Aimable gaité, je te chante.
Ton attirante activité,
Par son charme, enlève, sans cesse,
Une ride à l'austérité
Un souvenir à la tristesse.

Souvent, aux projets d'un amant,
Tu sers plus que la tendresse;
Et tout se risque innocemment,
Quand c'est en riant que l'on presse:
Profitant d'un geste, d'un mot,
Et, toujours folle avec adresse,
Si ta main agite un grelot,
L'autre dérobe une caresse.

Faut-il, pour aimer vivement,
Adorer la mélancolie ?
La folie et le sentiment
Peuvent aller de compagnie :
La gaîté, chassant les ennuis,
Laisse l'amitié sans nuage ;
Quand je ris avec mes amis,
Je crois les aimer davantage.

Puisqu'amour, jeunesse et santé,
Finissent même avant la vie,
Gardons la seule volupté
Qu'on peut fixer.... C'est la folie :
Ne sachant pas où nous allons,
Berçons-nous par d'heureux mensonges,
Et puisque nous nous endormons,
Cherchons la gaîté dans nos songes.

~~~~~~~~~~~~~~~~~~~~~~~~~~~~~~~~

M. PARNY.

IL FAUT AIMER.

Air :

Vous qui de l'amoureuse ivresse
Fuyez la loi,
Approchez-vous, belle jeunesse,
Écoutez-moi.
Votre cœur a beau se défendre
De s'enflammer :
Le moment vient, il faut se rendre,
Il faut aimer.
~~~~~~~~~~~~~~~~~~~~~~~~~~~~~~~~

Hier , au bois, ma chère Annette
          Prenait le frais :
Elle chantait sur sa musette ,
          N'aimons jamais.
M'approchant alors par derrière ,
          Sans me nommer ,
Je dis : Vous vous trompez , ma chère ,
          Il faut aimer.

En rougissant, la pastourelle ,
          Me répondit :
D'amour la flèche est trop cruelle,
          On me l'a dit.
A treize ans, le cœur est trop tendre
          Pour s'enflammer :
C'est à vingt ans qu'il faut attendre
          Pour mieux aimer.

Lors je lui dis : La beauté passe
          Comme une fleur ;
Un souffle bien souvent l'efface
          Dans sa fraîcheur ;
Rien ne peut, quand elle est flétrie,
          La ranimer :
C'est quand on est jeune et jolie
          Qu'il faut aimer.

Belle amie, à si douce atteinte
          Cédez un peu.
Cet amour dont vous avez crainte
          N'est rien qu'un jeu.
Annette soupire, et commence
          A s'allarmer :
Mais ses yeux m'ayaient dit d'avance
          Il faut aimer.

L'air était frais, l'instant propice,
    Le bois touffu;
Annette fuit, le pied lui glisse,
    Tout est perdu.
L'Amour, la couvrant de son aile,
    Sut l'animer.
Hélas! je vois trop, me dit-elle,
    Qu'il faut aimer.

Les oiseaux, témoins de l'affaire,
    Se baisaient mieux;
L'onde, plus tard qu'à l'ordinaire,
    Quittait ces lieux:
Les roses s'empressaient d'éclore
    Pour embaumer;
Et l'écho répétait encore,
    Il faut aimer.

~~~~~~~~~~~~~~~~~~~~~~~~~~~~~~~~~~~~~~~

M. PIIS

LA MORALE AU DINER DU VAUDEVILLE.

Air *du petit Matelot.*

La *Morale* a couru la ville,
Sans obtenir de grands succès:
A nos diners du vaudeville,
Elle est là qui demande accès.
« Mon dieu! qu'elle doit être belle,
Disent nos chansonniers contens!
» Courez, *Brigaud* (1), courez pour elle,
» Ouvrir la porte à deux battans. »

(1) Restaurateur chez lequel se réunissaient les Auteurs du Vaudeville.
~~~~~~~~~~~~~~~~~~~~~~~~~~~~~~~~~~~~~~~

La *Morale*, au bout de la table,
Prend une place lentement,
Et chante, d'un ton lamentable,
De feu *Pannard* l'enterrement :
Quelle impatience est la nôtre,
En écoutant ses longs hélas !
Nous nous regardons tous, l'un l'autre,
Mais nous ne la regardons pas.

« Vite, un restaurant pour madame,
» Qui ne peut pas se soutenir, »
Disent nos faiseurs d'épigramme,
Très-disposés à la bannir ;
Mais elle les rappelle à l'ordre,
En leur déclarant sans façon,
Qu'elle trouve assez de quoi mordre
Dans la plupart de leurs chansons.

C'est l'instant du vin de Champagne,
Du punch, et de la Côte d'or ;...
Chacun de nous bat la campagne,
Et la *Morale* gronde encor ;....
« Trève à ces dangereux breuvages,
» Dit-elle, ou bien j'annonce à tous
» Que, si la Grèce avait sept sages,
» La France a juste dix-sept fous. »

Ce dernier trait monte la tête
A nos convives étourdis ;
« Cette *Morale* est malhonnête,
» Et ses brocards sont trop hardis.
» Parmi nous, sans doute, et pour cause,
» Elle a bien droit de s'installer ;
» Mais, au dessert, sur toute chose,
» Nous la prierons de s'en aller. »

L'ORIGINE DE L'ÉVENTAIL.

Air : *Tout roule aujourd'hui dans le monde.*

Un jour Cupidon solitaire,
Les œuvres d'Ovide à la main,
Dans son parc royal de Cythère.
Suivait bonnement son chemin,
Quand, tout à coup, voyant les traces
De six petits pieds délicats,
Il calcula que les trois Grâces
Avaient bien pu former ces pas.

Vers ces déesses ingénues
Le voilà qui court promptement:
On sait qu'elles vont toutes nues,
On sait qu'il va sans vêtement.
Quand ces trois sœurs se virent prises
Par ce petit prince effronté,
On dit qu'elles furent surprises;
Mais on dit qu'il fut enchanté.

Cupidon, qui venait de lire
Justement la fable d'Argus,
Dit qu'il donnerait son empire
Pour avoir autant d'yeux et plus :
Mais les Grâces, moins immodestes
Que l'enfant gâté de Cypris,
Sentirent sur leurs fronts célestes
La rose se changer en lys.

De leur main gauche, avec mystère,
Ces trois sœurs ont voilé leur front;
De l'autre en perpendiculaire
Devinez ce qu'elles feront?

Elles voudront, la chose est claire,
Cacher leurs deux yeux à la fois :
Alors il sera nécessaire
D'écarter tant soit peu les doigts.

Aussi la chose arriva-t-elle,
Et (comme je l'avais prévu)
L'Amour, par ce trio femelle,
Vit à la fin qu'il était vu ;
Mais, sans déranger ces rusées,
Par un industrieux travail,
Sur leurs mains ainsi disposées,
Il imagina l'*Éventail.*

Le sexe en adopta la mode,
Et l'on sait que cet ornement,
Surtout en été fort commode,
Joint l'utile avec l'agrément :
Pour cacher la pudeur d'usage,
Contre un beau front le papier sert,
Et les brins forment un passage
Par où l'œil voyage à couvert.

LA RÉSIGNATION ÉPICURIENNE.

A i r : *Que ne suis-je la fougère.*

Hébé m'est presque ravie ;
Mais je suis bien convaincu
Qu'un sage au quart de sa vie
Doit avoir déjà vécu :
Couché sur un lit de roses,
En paisible épicurien,
Je désire peu de choses,
Et je ne regrette rien,

On n'entend plus sur ma lyre
Retentir des vers d'amour ;
Mais ceux qu'Ovide soupire
Je les relis nuit et jour :
Rassasié sans ivresse,
Et fidèle par ennui,
J'aime à présent ma maîtresse,
Sans aimer celle d'autrui.

Les deux coudés sur la table,
Vainement je me promets
De contenter l'hôte aimable
Qui la surcharge de mets ;
Je guette une faim légère,
Comme un malade en repos
Guette un rayon de lumière
Au travers de ses rideaux.

Lorsque la goutte me frappe
D'un invincible poignard,
Vers le buste d'Esculape
Si je tourne un seul regard,
Ce n'est pas que je me livre
Au doux espoir de guérir :
Je ne cherche point à vivre ;
Je cherche à ne point mourir.

Contrebandier d'Amathonte,
J'ai fait des larcins divers ;
Mais Vénus fut par trop prompte
A charger mes pieds de fers.
Qu'importe que je me traîne
Avec un peu plus d'effort ;
Je trouve, en cachant ma chaîne,
A commercer dans le port.

Si la mort est assez bonne,
Avant de m'en dégager,
Pour souffrir qu'Amour me sonne
Le quart d'heure du berger,
Je descendrai d'un air brave
Dans ma dernière maison,
Comme aujourd'hui dans ma cave,
Pour y perdre la raison.

CE QUI REND LE COEUR GAI.

Air : *La farira dondaine, bon.*

Quand j'étais garçon,
J'allais en campagne
Chercher sans façon
Gentille compagne,
Bon !
Oui, mes amis, c'est là, morgué,
Ce qui rend le cœur gai !

Un jour Lisimon
Me dit avec faste :
J'ai mon cher Damon,
Un jardin bien vaste,
Bon !
Vas-y du matin, c'est morgué,
Ce qui rend le cœur gai !

Fort de sa leçon,
Dès l'aube vermeille,
Aux chants du pinson
J'y prête l'oreille,
Bon !
Mais non, ce n'est pas là, morgué,
Ce qui rend le cœur gai.

Comme de raison,
Je passe en revue
Le moindre gazon,
La moindre avenue,
    Bon!
Mais non, ce n'est pas là, morgué,
Ce qui rend le cœur gai.

    Tel qu'un papillon,
Je fais l'inventaire
Des fleurs qu'à foison
M'offre le parterre,...
    Bon!
Mais non, ce n'est pas là, morgué,
Ce qui rend le cœur gai.

    Je mange en glouton
Une énorme pêche,
Et d'un gros melon
Une tranche fraîche....
    Bon!
Mais non, ce n'est pas là, morgué,
Ce qui rend le cœur gai.

    Par hasard, Marton
Vient sur la terrasse:
Non loin du menton
Soudain je l'embrasse,...
    Bon!
Mais je désire encor, morgué,
Ce qui rend le cœur gai.

    Ce joli tendron
Qu'agite la crainte,
Par distraction
Fuit au labyrinthe,...
    Bon!
Je l'attrape, et j'obtiens, morgué,
Ce qui rend le cœur gai!

~~~~~   11...
~~~~~

SUR LES BRUITS DE TREMBLEMENT
DE TERRE (en 1802).

Air des Trembleurs.

De fuir sur une mazette,
Il n'est plus temps, ma Lisette;
J'en atteste la gazette,
Écho de tant de malheurs.
Si partout la terre tremble,
Il vaut bien mieux, ce me semble,
Que nous nous mettions ensemble
À chanter l'air des trembleurs.

Au surplus, gagnons la plaine,
Munis d'une amphore pleine;
Mais n'allons pas d'une haleine
La tarir imprudemment:
Le sol commence à se fendre;
Trinquons, trinquons sans répandre;
Trinquons pour ne pas entendre
Ce sinistre craquement.

Constantinople s'écroule,
Dans la mer Alger s'éboule,
Dans la Néva Moscow roule;
Strasbourg même est chancelant.
Le coquin et l'homme probe
Vont périr avec le globe:
Qu'un doux baiser nous dérobe
Ce spectacle désolant.

Il n'est pas jusqu'au Parnasse,
Dont le sommet, plus tenace,
En ce moment ne menace
De s'ouvrir du haut en bas.

Voltaire, obscure victime,
Va descendre dans l'abîme
Avec l'écrivain sublime
Du feuilleton des débats.

N'en ayons souci ni cure;
Mais (avant qu'on nous procure
Les ouvrages d'Épicure
Tout récemment découverts!)
Mieux qu'avec des romans sombres
Nous descendrons chez les ombres
En dansant sur les décombres
De ce fragile univers.

———

(*Voyez* tout le Recueil de M. Piis, où un nombre infini de chansons aussi gracieuses que celles que je viens de rapporter, assure un plaisir vrai.)

M. BARRÉ.

———

LES CERISES.

CONTE MORAL.

AIR : *Ça n'devait pas finir par là.*

On, il ne faut pas qu'un tendron
Risque ce que risque un garçon.
Vous connaissez la jeune Lise :
Son péché, c'est la gourmandise,

Fillette qui commence ainsi,
Aura les autres, Dieu merci.
　　Ah, mon Dieu! malpeste!
　　J'ai peur d'être leste.

　Mais il ne faut pas qu'un tendron
Risque ce que risque un garçon.
C'était le temps où les cerises
Rougissant, deviennent exquises;
Où fille en prend deux, à la fois,
Et les fait rouler sous ses doigts.
　　Ah, mon Dieu! malpeste!
　　J'ai peur d'être leste.

　Mais il ne faut pas qu'un tendron
Risque ce que risque un garçon.
Lise, en vois-tu sur ce feuillage?
L'arbre est bien haut; c'est grand dommage;
Y grimper comme un polisson....
Sur-tout quand on n'a qu'un jupon!
　　Ah, bon Dieu! malpeste!
　　J'ai peur d'être leste.

　Mais il ne faut pas qu'un tendron
Risque ce que risque un garçon.
La gourmande, ingambe et légère,
D'un saut est à dix pieds de terre.
Sur l'arbre, déjà, la voilà,
Jambe d'ici, l'autre de là.
　　Ah, bon Dieu! malpeste!
　　J'ai peur d'être leste.

　Mais il ne faut pas qu'un tendron
Risque ce que risque un garçon.
Or, survient une giboulée.
Après tout, être un peu mouillée,

Ne retient pas fille , à quinze ans ,
Sur ce qui peut flatter ses sens.
   Ah , bon Dieu ! malpeste !
   J'ai peur d'être leste.
Mais il ne faut pas qu'un tendron
Risque ce que risque un garçon.
Lucas revenait au village ,
Pour laisser passer le nuage :
En sifflant son air favori ,
Sous Lise , il se met à l'abri.
   Ah , mon Dieu ! malpeste !
   J'ai peur d'être leste.
Qui tremble là-haut ? c'est la belle ,
Si fort , qu'élevant sa prunelle ,
Lucas voit... quoi ?... mais si... mais non...
Mordi ! ce n'est pas un garçon
   Ah , bon Dieu ! malpeste !
   J'ai peur d'être leste.
Mais il ne faut pas qu'un tendron ;
Risque ce que risque un garçon.
N'attendez pas que je vous dise ,
Dans l'arbre , ce que devint Lise
Comment se comporta Lucas ;
S'il grimpa , s'il ne grimpa pas.
   Grâce à Dieu , j'en reste
   Au refrein modeste ,
Qu'il ne faut jamais qu'un tendron
Risque ce que risque un garçon.

LE TEINTURIER.

Air : *De la pipe de tabac.*

Depuis trop long-temps j'entends dire ,
D'un auteur qu'on veut décrier ,

Que, lorsqu'il se mêle d'écrire
Ce n'est qu'avec son *teinturier*.
Moi, je soutiens, quoiqu'on en glose,
Que dans ce sublime métier,
On ne fait, en vers comme en prose,
Rien de bon, sans le *teinturier*.

Quoi! Racine, Boileau, Molière,
Et les aigles de nos beaux jours,
Fénélon, Piron et Voltaire,
Au *teinturier* avaient recours?..
Oui, vraiment : cela vous irrite!
Chacun de vous va s'écrier :
Mais de tous ces auteurs qu'on cite,
Qui diable était le *teinturier*?

Amis, vous devez le connaître;
Ce *teinturier* là, c'est le goût;
Il choisit juste, et donne en maître,
La *teinte* qui convient à tout.
Voltaire en eut mainte nouvelle,
Dont il nuança le laurier;
Mais, pour colorer sa Pucelle,
Il enivra son *teinturier*.

Ce *teinturier* est fort habile,
C'est lui qui jette, mes amis,
Sur l'ouvrage le plus futile
Un immuable coloris.
Grécourt, le connaissant à peine,
Allait fort peu dans son quartier;
Par distraction, Lafontaine
Couchait avec son *teinturier*.

Favart, tous les jours de sa vie,
Chez lui, l'avait à déjeûner;
Qu'il ait une place choisie,

Tous les mois à notre dîner. (1)
Au rendez-vous que l'on se donne,
Chansonniers, pour nous rallier,
De Bacchus, approchons la tonne
De la cuve du *teinturier*.

COMME ON VOUDRA.

AIR: *La pipe de tabac.*

JE suis d'un fort bon caractère;
Content de tout, voilà ma loi.
Amis, on ne saurait mieux faire,
Que de venir vivre avec moi.   (*bis.*)
Pas de bruit, jamais de disputes;
Je suis, et chacun le verra,
Fait du bois dont on fait les flûtes,
    Et l'on fera
    Comme on voudra.

  A mon dîner, que l'on me donne
Trois ou quatre mêts de mon goût;
Que chaque plat on l'assaisonne
De vins choisis, et frais sur-tout.   (*bis.*)
Pour mon dessert, fruits et fromage,
Vins cuits, liqueurs et du Moca;
Il ne m'en faut pas davantage:
    On servira
    Comme on voudra.

  Après, qu'on m'entraine à la scène,
J'aime assez cet amusement.
Mais pourvu que j'y sois sans gêne,
Et placé très-commodément :   (*bis.*)

(1) Le dîner des Auteurs du Vaudeville.

Que la pièce soit de Molière,
Ou bien dans ces qualités là,
Je ne serai pas trop sévère,
On choisira
Comme on voudra.

Les acteurs ne m'importent guère;
Je suis complaisant là-dessus :
Tous artistes ont droit de plaire
Alors qu'il sont un peu connus ;   (*bis.*)
Molé, Fleury, Contat, Préville ;
Les autres de ce genre là...
Je ne suis pas plus difficile,
Et l'on jouera
Comme on voudra.

Le soir, auprès de mon amie,
Pourvu qu'on soit très-circonspect,
Qu'on admette à sa compagnie
Et la raison et le respect ;   (*bis.*)
Point d'équivoques, ni folie,
Regards suspects, *et cætera,*
Je n'aurai point de jalousie,
Et l'on fera
Comme on voudra.

~~~~~~~~~~~~~~~~~~~~~~~~~~~~~~~~~~~~~

M. RADET.

SANS Q'ÇA PARAISSE.

OU LA FILLE PRUDENTE.

Air : *Vaudeville de l'Avare et de son ami.*

L'autre jour, la jeune Thémire
Fit rencontre du beau Colin.
~~~~~~~~~~~~~~~~~~~~~~~~~~~~~~~~~~~~~

« J'en aurais beaucoup à te dire, »
Lui dit Colin, d'un air câlin.
A ce début qui l'intéresse,
Elle répond d'un ton bien doux :
Parlez tout bas, dépêchez-vous;
Contez-moi ça, *sans qu'ça paraisse.*

   — « Peux-tu, si jeune, si charmante,
» Faite pour plaire, pour charmer,
» rester encore indifférente,
» Sans songer qu'il est temps d'aimer ?
— » Assez souvent, je le confesse,
» Je songe aux garçons, aux amours,
» Mais fille honnête doit toujours
» Songer à ça, *sans qu'ça paraisse.*

   — » Tu ne viens jamais sur l'herbette
» Danser au son du chalumeau,
» Ni folâtrer sous la coudrette,
» Comme les filles du hameau.
— « De m'amuser quand on me presse,
» Je suis loin de m'en offenser;
» J'aime à rire, j'aime à danser;
» Mais, j'aime ça, *sans qu'ça paraisse.*

   » Dès long-temps, aimable Thémire,
» Je te trouve au gré de mes vœux ;
» Dès long-temps, pour toi, je soupire;
» Me veux-tu pour ton amoureux ?
— « Les garçons ont l'ame traitresse,
» A ce que chacun dit, pourtant,
» Si vous êtes toujours constant,
» Je verrai ça, *sans qu'ça paraisse.*

   » Tu reçois mon sincère hommage,
» Que ce moment est précieux !
» De mon amour, voici le gage...
» Mais quoi ! tu détournes les yeux !

— « Un gage de votre tendresse
» Ne saurait que m'intéresser :
» Mais, je n'ose encor le fixer...
» Donnez-moi ça, *sans qu'ça paraisse.*

D'un bouquet de belle apparence
Colin tenta l'heureux effet.
« Souffre, dit-il avec instance,
» Que je l'attache à ton corset.
— « Colin, ménage ta maîtresse,
Répond Thémire en minaudant,
» Sois discret, adroit et prudent...
» Arrange ça, *sans qu'ça paraisse* ».

Sans *qu'ça paraisse*, de Thémire,
Sauva l'honneur, et ça suffit.
De sa prudence que j'admire,
Belles, faites votre profit :
Lorsque, dans sa brûlante ivresse,
Un amant vous peint son tourment,
Secrètement, adroitement,
Cédez à ça, *sans qu'ça paraisse.*

<hr>

M. DESFONTAINES.

LE FRUIT DEFENDU.

Air : *Du serin qui te fait envie.*

Pour qu'on parlât de ses ouvrages,
Dieu pensa qu'il devait avoir
Un être qui, d'âges en âges,
Voulût tout voir et tout savoir.

Il fit la femme, elle eut la chance;
Et, comme il l'avait entendu,
Curiosité prit naissance,
Sous l'arbre du *fruit défendu.*

Dieu vit aussi, dans sa prudence,
Qu'à l'homme il fallait le plaisir,
Mais que c'était à la défense
D'en donner le premier désir :
Il forma donc un cœur de femme,
Et, comme il l'avait prétendu,
Eve au désir ouvrit son ame,
Sous l'arbre du *fruit défendu.*

Or, si de l'objet qu'il adore,
Plus d'un mari devient jaloux,
C'est qu'il existe et parle encore,
Le serpent qui nous damna tous :
Partout le traître fait sa ronde,
Et jamais femme n'a perdu
Le goût que la mère du monde
Montra pour le *fruit défendu.*

On dit qu'*Adam* fut en colère;
De bonne foi je n'en crois rien :
Adam eut autre chose à faire,
Il le fit et s'en trouva bien :
Par son aimable pécheresse
Le paradis lui fut rendu,
Chaque fois que, dans sa détresse,
Il revint au *fruit défendu.*

De l'instant même qu'une belle
A, de l'hymen, serré les nœuds,
Un tendre fils, qu'amour appelle,
Devient l'objet de tous ses vœux :

Si, par l'époux qui sait lui plaire,
Ce fils est par trop attendu,
Elle va faire sa prière,
Sous l'arbre du *fruit défendu.*

Le goût du mal qu'on aime à faire,
De siècle en siècle se transmit;
Pour que le mal cessât de plaire,
Il serait temps qu'on le permit:
Quant au bien que l'on ne fait guère,
C'est faute de s'être entendu;
Et tout le monde en voudrait faire
Si c'était le *fruit défendu.*

LE BOUQUET.

Air: *Eh! gai, gai, gai, mon officier.*

Eh! non, non, non, dans le bosquet,
          Discrettes
          Bergerettes,
Eh! non, non, non, dans le bosquet,
     Ne prenez que l'*bouquet.*

Avec la fleur nouvelle
Qu'vous offre son ardeur,
L'galant, qu'désir appelle
Vous presse d'prend' son cœur:
Eh! non, non, etc.

Pour son cœur i'veut l'vôtre,
Prenez bien garde à çà;
En donnant l'un pour l'autre
Plus d'une fille s'blousa.
Eh! non, non, etc.

N'imitez pas Rosette,
Qui compte sur ses doigts,
Depuis l'jour, qu'en cachette,
Ell'prit l'chemin du bois.
Eh! non, non, etc.

Pour le sien, c'te Rosette
A pris l'cœur de Bastien,
Et je sais qu'la pauvrette
Voudrait ravoir le sien.
Eh! non, non, etc.

Je n'connais pas la cause
De son air d'embarras,
Il faut qu'ell'ait qu'qu'chose....
Qu'qu'chos' qu'ell' n'avait pas.
Eh! non, non, etc.

Quoiqu'un p'tit peu coquette,
Ell'fuit les amoureux;
Dit'lui qu'elle est bien faite,
Elle baise les yeux.
Eh! non, non, etc.

Elle était questionneuse,
Et v'là qu'all' ne dit mot:
Bell'qui n'êt' plus curieuse!
C'estqu'vous en savez trop.
Eh! non, non, etc.

Quant au cœur dont ell'chême,
Ell'sait que par malheur,
Bastien ne prend et n'aime
Qu' la fleur dans sa primeur.
Eh! non, non, etc.

Souv'nez-vous comm' Rosette,
Que souvent r'gret cuisant

Suit la p'tetite amusette,
Que l'on prend en passant.
Eh! non, non, non, dans le bosquet,
Discrettes
Bergerettes;
Eh! non, non, non, dans le bosquet,
Ne prenez que l'*bouquet*.

***

Mme DUFRESNOY.

L'INCONSTANCE JUSTIFIÉE.

Air:

Quand j'entends messieurs les amans,
Sur un ton lamentable,
Dire que les amours constans
Ne sont plus qu'une fable;
Moi, je réponds à leurs discours:
Il faut, pour être aimé toujours,
Être toujours aimable.

Damis m'inspira quelques jours
Une ardeur véritable;
J'aurais voulu l'aimer toujours,
Ce n'est pas une fable.
Il dit que j'ai trahi sa foi.
Est-ce après tout ma faute à moi,
S'il cessa d'être aimable?

J'aimais le jeune Floricourt,
Ce n'est point une fable;
Mais il exigea tant d'amour
Qu'il fut insupportable:

Un rien le mettait en courroux.
Or, on sait qu'un amant jaloux
　　N'est pas toujours aimable.

L'objet de mes nouveaux amours
　　Est doux, sensible, affable.
J'ai juré de l'aimer toujours,
　　Ce n'est point une fable.
Oui, je lui tiendrai mes sermens
Tant qu'il sera de mes amans
　　Toujours le plus aimable.

Amans, écoutez mes leçons
　　Et soyez raisonnables ;
Bien que je les fasse en chansons,
　　Ce ne sont point des fables.
Voulez-vous conserver un cœur ?
Sachez, après votre bonheur,
　　Être encor plus aimables.

M. CHAZET.

CHANSON BACCHIQUE:

Air *du curé de Pompone.*

Que chacun au Pinde, à son tour,
　　Dispute la couronne ;
Que celui-ci chante l'Amour,
　　Et celui-là, Bellone :
Moi, je veux chanter l'effet
　　　Que fait
　　Le doux jus de la tonne.
Diogène, dans son tonneau,
　　Envain, crie et raisonne ;

Pour tout régime ; il est à l'eau ;
   L'eau ne grise personne :
Chacun préfère l'effet
     Que fait
   Le doux jus de la tonne.

Entre amis, souvent on s'aigrit,
   A tort, on se soupçonne ;
Puis, on se met à table, on rit,
   On boit, on se pardonne,
   Et l'humeur cède à l'effet
     Que fait
   Le doux joux de la tonne.

D'Aï, le vin délicieux
   Mousse, fume et bouillonne ;
C'est un esclave tout honteux
   Du joug qui l'emprisonne :
Libre, il nous prouve l'effet
     Que fait
   Le doux jus de la tonne.

Bacchus qui fait mûrir pour nous
   Les présens de l'automne,
   Sut au bruit de ses doux
     Gloux gloux
   Contenter Erigone ;
Et l'on voit par là l'effet
     Que fait
   Le doux jus de la tonne.

Mais, à des transports imprudens,
   A tort je m'abandonne :
Pour couvrir les sons discordans
   De ma voix qui détonne,
   Chantez avec moi l'effet
     Que fait
   Le doux jus de la tonne.

LE RIRE.

Air : *Mon père était pot.*

Des purs accens de la gaité,
  Turbulent interprête,
Le rire est bien pour la santé
  La plus douce recette :
    C'est un fait : ainsi,
    Sans soins, sans souci,
  Chantons, chers camarades,
    Egayons nos jours,
    Et rions toujours,
  Pour n'être pas malades.

Du *rire* les joyeux accens
  Animent la folie ;
Or, la folie est, à mon sens,
  Le baume de la vie :
    Dis-moi, vieux Caton,
    Ici bas, qu'a-t-on
  De mieux que le délire ?
    Pour moi je voudrais,
    Être pour jamais,
  Attaqué du *fou-rire.*

Il faut convenir qu'un rieur
  A beau jeu sur la terre,
Et qu'il peut à sa belle humeur
  Donner libre carrière :
    D'un *rire* malin
    Pour doubler soudain
  Les éclats sympathiques,
    Les sots à mes yeux
    Valent cent fois mieux
  Que nos auteurs comiques.

12

Molière connaissait à fond
L'art d'exciter le *rire*;
Depuis lui, maint auteur profond
Méconnait son délire:
Si de la gaité,
Le fleuve arrêté
Fut gêné dans sa course,
Il est libre, car
Le joyeux *Picard*
En retrouve la source.

La Grèce était, assure-t-on
Le pays d'*Héraclite*;
Moi je conteste, et pour raison,
Ce fait que l'on nous cite:
J'ai vu de fort près,
Les tristes Anglais,
Et je puis vous répondre
Qu'Héraclite était
De droit et de fait
Un citoyen de Londre.

Toujours le *rire*, d'un bon cœur
Est la marque évidente;
Le *rire*, ami de la candeur,
Prouve une ame innocente:
Hommes sans détours,
Du rire, toujours,
Vous fûtes les apôtres:
J'en fais le pari,
Ceux qui n'ont pas ri
Ont fait pleurer les autres.

La vie est un fort grand banquet,
Dont chaque homme est convive;
Il faut, lorsqu'à table il se met,
Que sa gaité le suive:

        Rendons par nos jeux,
        Nos propos joyeux,
    Le repas agréable,
        Et puis, comme ici,
        Le diner fini,
    Sortons gaîment de table.

A MON PORTIER.

Air : *Rendez-moi mon écuelle de bois.*

En jockei, mon fidèle Frontin,
    Tu m'étais fort utile ;
Mais je te grondais, soir et matin,
    De trop courir la ville ;
Or, d'après son état, son emploi,
Comme il ne faut pas qu'un portier sorte,
Pour te faire rester chez moi,
    Je t'ai mis à la porte.

    Ainsi, dans ton nouveau métier,
    Il faut que je te forme ;
Le matin, s'il vient un créancier,
    Veille, pour que je dorme ;
S'il insiste, peins à grands traits
De ma fièvre la tragique histoire ;
Dis que, depuis mon dernier accès,
    Je n'ai plus de mémoire.

Si, par hasard, quelque malheureux
    Vient et me sollicite,
Ah ! loin de le cacher à mes yeux,
    Fais-le monter bien vite.
Trop heureux de prêter un appui
A l'honnête indigent qui m'implore,
Je sens bien que, m'appauvrir pour lui,
    C'est m'enrichir encore.

Accablé du pesant fardeau
  De n'avoir rien à faire,
Si quelque *Turcaret* nouveau
  Chez moi vient se distraire,
  Ne lui réponds que par un *non.*
A ses dépens si tu veux rire ?
  Ne lui demande pas son nom,
  Et dis-lui de l'écrire.

Mais aussi, quand tu verras, mon cher,
  Venir, à la nuit close ;
Pied mignon, petit nez en l'air
  Teint de lys et de rose ;
C'est Aglaé ! sans perdre de temps,
Fais monter cette belle à l'œil tendre,
Et songe que fillette, à quinze ans,
  Ne doit jamais attendre.

Change un usage qui me déplaît,
  Dont mon orgueil s'irrite ;
Dans tes mains, un maudit sifflet
  Annonce une visite :
Un jour de chute siffle moins fort ;
Car cette musique infernale,
Vraiment me semblerait encor
  Un écho de la salle.

Ta consigne, si tu la suis,
  Doit embell'r ma vie ;
De chez moi, bannis les noirs soucis,
  Laisse entrer la folie :
Que toujours un verrou protecteur
  Des chagrins arrête l'escorte,
Ouvre, pour recevoir le bonheur,
  Deux battans de la porte.

M. LÉGER.

LA BOUTEILLE.

Air : *De la parole.*

PLAISIRS d'un cœur ambitieux,
Dignités, grandeur et richesse,
Biens si vantés, si précieux,
Vous n'avez rien qui m'intéresse.
Je vous contemple avec froideur ;
Quand je m'endors, quand je m'éveille,
Votre éclat perfide et trompeur,
A l'œil enchanté d'un buveur,
Ne vaudra jamais (*bis*) *la bouteille* (*bis.*)

Par l'amour, ou par l'amitié
Notre foi fût-elle trahie ?
Avons-nous, de notre moitié,
Eprouvé quelque perfidie ?
Un pareil malheur est bien dur :
S'en affliger, n'est pas merveille :
Mais pour l'oublier, à coup sûr,
Je sais un moyen toujours sûr,
Et ce moyen, c'est (*bis*) *la bouteille* (*bis.*)

Constante idole des buveurs,
Tu ne ressembles pas aux belles :
Plus tu prodigues tes faveurs,
Moins tu rencontres d'infidèles.
Couronné de pampres joyeux,
Silène, assis sous une treille,

Le verre en main, content, heureux,
Pour le sceptre même des Dieux
N'aurait pas donné (*bis*) *sa bouteille* (*bis*.)

Le Dieu de Cythère, en naissant,
De s'enivrer eut fantaisie;
Et Vénus offrit à l'enfant
Deux jolis flacons d'ambroisie.
Depuis ces momens bien connus,
Sitôt que l'amour nous éveille,
En dépit des droits de Bacchus,
Avec ivresse, de Vénus
On aime à presser (*bis*) *la bouteille* (*bis*.)

~~~~~

TOUT OU RIEN.

Air : *De l'Hymne des Bordelais.*

En amour, belle Elise
Point de terme moyen :
Il faut, quoiqu'on en dise,
Accorder tout ou rien.

Par des aveux, sans cesse,
Tu prétends l'esquiver;
Avouer sa tendresse,
Ce n'est pas la prouver.
En amour, etc.

De ta pudeur farouche,
Si je brigue un larcin,
Où je cherche ta bouche,
Je rencontre ta main.
En amour, etc.
~~~~~

Quand tu me laisses prendre
Un baiser à l'écart,
Ce baiser doux et tendre,
Est encor trop peu. . . car
En amour, etc.

Cher objet que j'adore,
Je te tiens sur mon cœur. . . .
Quoi ! tu veux fuir encore
A l'instant du bonheur !
En amour, etc.

Fût-on long-temps cruelle ?
C'est ce qu'on ne dit pas ;
Mais je sais que la belle
Gaîment chantait tout bas :
« Pour toi, pour ton Élise
» Plus de terme moyen.
» J'avoue avec franchise
» Que tout vaut mieux que *rien.*

LE PORTRAIT DE MON VOISIN.

Air : *Femmes, voulez-vous éprouver ?*

Mon voisin n'est petit ni grand,
Mon voisin n'est ni gras, ni maigre,
Il n'est ni trop noir, ni trop blanc,
Ni très-pesant, ni très-alègre ;
Il a l'œil bleu, d'un bleu turquin,
Le nez large, la face ronde :
Pour le physique, mon voisin
Doit ressembler à bien du monde.

De tous les époux, mon voisin
Est bien l'époux le moins aimable ;
Toujours boudeur, toujours chagrin,

Il fait donner sa femme au diable.
Mais femme, en dépit des verroux,
Sait punir un bourru qui gronde ;
Aussi, mon voisin, comme époux,
Ressemble-t-il à bien du monde.

D'aller au spectacle, le soir,
Si mon voisin a fantaisie,
Ne craignez pas qu'il aille voir
Harpagon, *Tartuffe* ou *Sosie* :
Il aime et préfère surtout
Ces horreurs où le noir abonde ;
Au théâtre tel est son goût ;
Et c'est le goût de bien du monde.

Mon voisin, il en fait l'aveu,
N'est pas un très-grand politique ;
Et même il s'informe assez peu
Comment va la chose publique ;
Pourvu qu'il arrive à sa fin,
Dans le sens de tous il abonde :
En politique, mon voisin,
Doit ressembler à bien du monde.

M. DESPRÉS.

LE VIN DE CHAMPAGNE.

Air : *Du pas redoublé de l'infanterie.*

Il part, il fuit à flots pressés
En mousse pétillante :
Voilà mon verre ; allons, versez,
Car il faut que je chante.

De mes sons, Bacchus est l'objet :
   Versez donc sans attendre :
Remplissez-moi de mon sujet
   Si vous voulez m'entendre.

   O vin d'Aï, digne des Dieux,
   Honneur de la Champagne !
Père des ris, source des jeux,
   Le bonheur t'accompagne !
Quel festin aurait des attraits,
   Sans toi, sans ta présence ?
Vin mousseux, c'est quand tu parais,
   Que la fête commence !

   Quand le bouchon, débarrassé
   Du fil qui le captive,
Vole, avec bruit, au loin chassé,
   Par la liqueur active,
Je crois, dans les brillans accès
   D'une aimable folie,
Voir jaillir d'un cerveau français,
   L'éclat de la saillie.

   Sombre Anglais, ce nectar flatteur
   Calme ton humeur noire ;
Suspends donc, suspends ta fureur ;
   Fais la paix pour en boire.
Ami de Londres et de Paris,
   Que Bacchus les rallie !
Bacchus en sait autant qu'Harris, (1)
   Qu'il nous réconcilie !

   Ami Juliet (2), rapporte-moi
   De ce jus délectable.

(1) Le lord Malmesbury.
(2) *Juliet*, restaurateur chez lequel dinaient les
Chansonniers du Vaudeville.

Gai comme nous, franc comme toi,
  Le charme de la table.
Nous, chers amis, de ce vin frais,
  Buvons tous à plein verre;
Buvons aux arts, fils de la paix,
  Et sur-tout à leur mère.

L'ARC-EN-CIEL.

AIR : *Femmes, voulez-vous éprouver.*

LORSQU'ÉCHAPPÉ, dans son bateau,
D'une lessive rigoureuse,
Noé, sur la foi d'un oiseau,
Sortit enfin de l'arche heureuse,
Dieu, nous dit-on, parut content,
Et, pour manifester la chose,
Mit dans l'air un arc éclatant,
Verd, bleu, lilas, couleur de rose.

  Voici, peut-être, mes amis,
D'où vient cette agréable histoire :
De la frayeur un peu remis,
Le bon *Noé* se mit à boire;
Et, bientôt enivrant ses yeux,
La liqueur, par ses soins éclose,
Lui montra la terre et les cieux,
Verds, bleus, lilas, couleur de rose.

  Laissons des gens plus avisés
Voir, dans cet arc, après l'orage,
Du soleil les rayons brisés
Se répéter sur le nuage:
Est-ce à nous de chercher dans l'eau
Le flatteur effet, ni la cause?
Puisqu'avec le vin, tout est beau,
Verd, bleu, lilas, couleur de rose.

Il faut donc en boire à longs traits ;
Quel plaisir est plus délectable ?
Jusqu'au soir, amis, qu'un vin frais
Coule à grands flots sur cette table :
Laissons là tout noir souvenir,
Parlons d'amour, de vers, de prose,
Et ne voyons qu'un avenir
Verd, bleu, lilas, couleur de rose.

Après les maux qu'en son courroux,
Le ciel versa sur cette rive,
Aimable paix, quand verrons-nous
Ta colombe, avec son olive ?
Qu'enfin tous les peuples mêlant
Leurs drapeaux, qu'entre eux Mars oppose.
N'en forment qu'un faisceau brillant,
Verd, bleu, lilas, couleur de rose.

CONSEILLEZ-MOI.

AIR : *Ça n'se peut pas.*

CONSEILLEZ-MOI, mon cher Auguste,
Et vos conseils seront suivis ;
Je n'ai pas toujours l'esprit juste,
Mais je reçois un bon avis.
Que le ciel m'adresse un bon guide !
Je lui rends grâce, et je le doi.
Sage mentor, ami solide,
   Conseillez-moi.   (bis.)

Voilà six grands mois qu'à la guerre,
Je suis commis, non parvenu ;
Et vous savez que je n'ai guère
D'autre bien, d'autre revenu.

Une réforme projettée,
Atteint ma place .... je le croi;
Hier, de peur, je l'ai quittée;
 Conseillez-moi. (bis.)

J'ai rencontré la jeune Almire,
A l'œil fin, au minois charmant;
L'aimer, lui plaire, et nous le dire
Cela s'est fait en un moment:
Elle est peu tendre au fond de l'ame,
Et d'humeur à trahir sa foi;
De ce matin, elle est ma femme,...
 Conseillez-moi. (bis.)

L'an neuf, d'une assez faible somme,
J'hérite, et, sans retard, je cours
La placer chez un honnête homme,
Sur qui fut moulé *Duhaucours:*
J'aurais dû craindre sa défaite,
Vingt avis m'en faisaient la loi:
Je tins bon; sa faillite est faite.
 Conseillez-moi. (bis.)

Je fis un acte, au vaudeville,
Sur un sujet qui m'amusa:
D'une manière fort civile,
Barré, d'abord, le refusa:
Puis un soir pour me satisfaire,
Il l'afficha, non sans effroi:
Je fus sifflé. Que faut-il faire?
 Conseillez-moi. (bis.)

Chez Nolet, un jour, la roulette
M'enrichit en un tour de main,
Et ma fortune fut complette,
Par le bonheur du lendemain;

Pour la rendre bien assurée,
En maisons j'en faisais l'emploi ;
Je perdis tout dans la soirée ;
   Conseillez-moi.   (bis.)

  Mon cher Auguste, est-ce ma faute,
Si toujours le malheur me suit ?
Le sort nous donne et puis nous ôte ;
On croit tenir et tout s'enfuit :
Puis moi, j'ai des mœurs trop faciles,
Et la fureur (dites pourquoi)
De consulter des imbécilles.....
   Conseillez-moi.   (bis.)

M. DESCHAMPS.

LE COLLIN-MAILLARD.

Air : *Contre elle, en perdant quelque bien.*
    (de la succession.)

  « Oui, j'imagine un jeu nouveau,
» Dit un jour, le dieu de Gnide ;
» Un de nous, couvert d'un bandeau,
» N'aura plus que sa main pour guide.
» Il faut que, sans rire, et tout bas,
» On l'environne, on le lutine ;
» Et qu'à son tour, n'y voyant pas,
» Il poursuive, attrape, et devine. »

  L'Amour commence. — Autour de lui,
Vénus court avec les trois Graces.
Il s'approche, on a déjà fui ;
Il revient, perd encor leurs traces.
On jouit de son embarras ;
On croit n'avoir plus à le craindre :

C'est pourtant lorsqu'il n'y voit pas
Que le fripon sait mieux atteindre.

Il s'élance.... il saisit enfin ;
On se tait : sa main libertine
Caresse un bras, effleure un sein,
Mesure une taille divine.
Il interroge mille appas,
Sans qu'à l'indiscret on s'oppose....
Il faut bien, à qui n'y voit pas,
Pardonner au moins quelque chose.

Après bien des joyeux larcins,
Que prolonge le téméraire,
Une ceinture est dans ses mains :
L'enfant a reconnu sa mère.
Vénus prend, d'un commun accord,
Le bandeau qu'Amour lui présente....
L'avoir sur les yeux est un sort
Dont la beauté n'est pas exempte.

Pour son fils, nouvelles douceurs !
Le traître est plus heureux encore ;
Il se cache entre les trois sœurs,
A son secours il les implore.
Il se fait porter dans leurs bras,
Il change d'habits avec elles....
Lorsque la maman n'y voit pas,
Prend-on garde à ces bagatelles ?

Tout l'Olympe adopta ce jeu ;
L'Hymen même daigna l'apprendre ;
Mais on ne sait comment ce dieu
Est toujours pris sans pouvoir prendre.
Ici, par le même hasard,
Ou par des raisons que j'ignore,
Combien d'époux *Colin-Maillard*
Qui le seront longtemps encore !

LA DIFFÉRENCE

ENTRE UN DÎNER DE GENS DU MONDE ET UN
DÎNER DE GENS DE LETTRES.

AIR : *Trouver le bonheur en famille.*

AUJOURD'HUI vous dînez chez nous,
Me dit Nelson, nous voulons rire.
Aujourd'hui je compte sur vous ;
On sera gai, me dit Thémire.
Chez elle, tous les gens titrés
Viennent des deux bouts de la France ;
Chez l'autre tous les gens lettrés....
A qui donner la préférence ?

Là, je verrai chacun m'enfler
Ses biens, son crédit ou sa place ;
Ici, chacun me rappeler
Ses moindres titres au Parnasse ;
Fêter chaque petit talent,
Flatter chaque mince puissance....
Voilà mon rôle.... Il est brillant !
Où le jouer de préférence ?

Chez Thémire, on va de l'état
Réformer la longue misère ;
Chez Nelson, d'un public ingrat,
Plaindre le goût qui dégénère :
Ou des plans de drames nouveaux,
Ou des apperçus de finance....
Tous ces projets seront bien beaux !
Auxquels donner la préférence ?

Voyez ce fat bien séduisant,
Qui croit m'embellir l'ignorance!
Voyez ce Caton bien pesant,
Comme il m'enlaidit la science!
L'ennui, grace à trop de raison,
Ou grace à trop d'impertinence,
Court de l'une à l'autre maison....
Où donc bâiller de préférence?

Parbleu! c'est trop être en suspens!
Le Vaudeville, aujourd'hui même,
Rassemble à diner ses enfans.
On chantera, c'est ce que j'aime.
Bonne ou mauvaise, une chanson
Est sans faste et sans importance.
Adieu Thémire... Adieu Nelson.....
Aux chansonniers la préférence!

M. DESPRÉAUX (ÉTIENNE).

LA CAPRICE.

Air *du Ballet des Pierrots.*

Du fol amour je suis le père;
Souvent mon fils ne vit qu'un jour.
Le bisarre est sûr de me plaire;
Je suis triste et gai tour à tour.
Par moi, la petite maîtresse
Désire, promet, se dédit;
Et l'on appelle *gentillesse*
Le désordre de son esprit.

Destin, hasard, amour, fortune,
N'agissent jamais que par moi;
Et je prends, c'est chose commune,
De l'humeur, sans savoir pourquoi.
Ma colère est une bourasque,
Je ris aux éclats dans l'instant:
Familier, fier, fougueux, fantasque,
Je suis léger comme le vent.

Le matin, j'invente une mode,
Je la trouve antique le soir;
Je ne suis ni loi ni méthode,
Je ne connais que mon vouloir.
De l'inconstance j'ai les ailes,
Et de l'Amour j'ai le bandeau.
Ah! combien j'ai trompé de belles,
Pour un moins beau, mais nouveau!

Aux arts, j'ai donné le gothique,
Les arabesques, les Calots;
Au théâtre, le bas comique;
A Momus, marotte et grelots;
A la musique les roulades;
A la danse, mimes et sauts;
A l'esprit, énigmes et charades,
Calembourgs, pointes et bons mots.

Il me prend une fantaisie
C'est de finir là mon portrait.
Ah! je me sens une autre envie;
Plaçons mon nom à ce couplet.
Rendre mes traits, n'est pas facile;
Il faut plus habile pinceau:
C'est pourquoi mon nom est utile
En acrostiche à ce tableau.

MON CALENDRIER.

AIR : *Tous les bourgeois de Chartres.*

LA vie est un passage
Qui dure peu d'instans ;
Il est d'un homme sage
D'en partager le temps.
Des jours et des saisons il faut faire un triage,
Et pour ne pas nous ennuyer,
Composer un *calendrier*
Qui soit pour notre usage.

Je commence l'année,
Juste avec le printemps ;
L'amour, chaque journée,
Aura tous mes instans.
A chanter cent beautés, ma muse tiens-toi prête,
Dans cette saison des amours,
Joyeux et les nuits et les jours,
Leur faire double fête.

De trois fois trente belles,
Composons mon printemps ;
De noms d'amis fidèles,
L'été, je fais trois rangs :
De chansonniers joyeux je meuble mon automne.
Pour les temps froids et pluvieux,
J'inscrirai les gens sérieux
Dont le savoir étonne.

Je fêterai les Graces
Et toutes les saisons ;
Je réserve trois places,
Pour de bonnes raisons :

A l'esprit, au bon goût, surtout à la folie;
Toujours chantant,
Toujours fêtant,
Je gagnerai le bout de l'an
Et celui de la vie. (1)

~~~~~

LA FATALITÉ.

HISTOIRE VÉRITABLE.

Air : *J'ai vu partout dans mes voyages.*

Il n'est jamais d'effet sans cause,
Tout est prévu par le destin;
Fait important, petite chose,
Devait être, c'est très-certain :
Le sort qui de tout est le maître,
N'a changé, ni ne changera;
Et cette chanson devait être : } *Bis.*
La preuve en est que la voilà

Pour me charmer, vous deviez naître
Pleine de grâces et de beauté;
A cet instant, je devais être
Folâtrant à votre côté :
Enfin, d'après la loi suprême,
Que le destin tient par écrit,
Je dus vous dire : « Je vous aime; » } *Bis.*
Rien n'est plus vrai, car je l'ai dit.

Ce mot que vous deviez entendre,
Devait d'abord vous étonner;
Et puis votre cœur, bon et tendre,
Devait bientôt me pardonner :

(1) On connaît sa chanson : *Le vin, l'amour et la gaîté.* Air *du Bastringue.*
~~~~~

Juste dans ce moment, ma chére,
Je devais serrer votre main ;....
En la retirant, en colère, ⎰ *Bis.*
Vous obéissez au destin. ⎱

Zélis, un doux espoir m'énivre ;
Oui, je lis dans vos jolis yeux,
Que le sort a mis sur son livre,
Qu'un jour vous me rendrez heureux ;
Vous me reprochez mon audace,
Du Ciel c'était la volonté ;
A vos genoux, j'attends ma grace...⎰ *Bis.*
Le destin l'avait décrété. ⎱

Cédez à votre destinée,
C'est l'ordre que toujours je suis ;
Pour mon bonheur, vous êtes née ;
Pour vous adorer je le suis :
Envain, vous voulez vous défendre ;
Nos sentimens nous sont prescrits :
Ce baiser... je devais vous le prendre,⎰ *Bis.*
Rien n'est plus vrai; car je l'ai pris. ⎱

Vous fixez les yeux vers la terre ;
Plus vivement vous respirez ;
Mais qu'avez-vous? pourquoi me taire
Ce qui fait que vous soupirez ?
Goûtons les plaisirs qu'amour donne,
Destin ! je crois à ta bonté....
J'entends quelqu'un ,... on frappe, on sonne.
Grands dieux ! quelle *fatalité !*

———

(*Voyez* tout le charmant Recueil, intitulé : *Mes Passetemps*, de M. Étienne
Despréaux.)

M. PRÉVÔT D'IRAY.

LE PRINTEMS.

RONDE A DANSER.

Air : *Escouta Jeannette.*

Jeune et joliette,
On voit, au *printems*,
  La fillette,
Jeune et joliette
Rêver aux amans.

Le doux zéphir
Vient entr'ouvir
Sa colerette ;
Puis le désir,
Puis le plaisir
Vient la saisir.
Jeune et joliette, etc.

Confiant ses appas, le soir,
  A l'eau discrette ;
Elle soupire, et vient se voir
  Dans ce miroir.
Jeune et joliette, etc.

Sein frémissant,
Bouton naissant,
La rend coquette ;
Air agaçant,
OEil languissant
Me rend pressant.
Jeune et joliette, etc.

La verdure offre un tapis frais,
  Et l'amour jette,
    Dans les forêts,
    Sur les bosquets,
  Un voile épais.
  Jeune et joliette, etc.

Tout porte aux plus tendres langueurs,
  L'amé inquiette;
L'Amour se glisse sous les fleurs,
  Et dans les cœurs.
  Jeune et joliette, etc.

Si Lubin orne d'un ruban
    Sa quenouillette,
Elle le détache en tremblant,
    En rougissant.
  Jeune et joliette, etc.

S'il charme l'écho de nos bois,
    Elle répète; ...
Répète une première fois, ...
    Et perd la voix.
  Jeune et joliette, etc.

    Les vêtemens
    Sont moins pesans;
    Mais on regrette
Qu'ils soient encore moins légers
    Que les bergers.
    Jeune et joliette,
On voit au *Printems*,
    La fillette,
    Jeune et joliette,
    Dupe des amans.

LA SORTIE DU BAIN.

AIR : *Quand l'Amour naquit à Cythère.*

QUELS trésors s'offrent à ma vue !
Je te surprends sortant du bain.
Eh quoi ! ma présence imprévue
Porte le trouble dans ton sein !
Reste.... Que dis-je? ô ma Constance,
Tu rougis.... Garde ta candeur ;
Ton cœur aurait moins d'innocence,
Si ton front perdait sa pudeur.

Pourtant un regard trop farouche
Ferait envoler le plaisir :
Il s'est arrêté sur ta bouche,
C'est à la mienne à le cueillir.
Défends-toi.... L'amant le plus tendre
Est toujours le plus délicat ;
L'Amour t'ordonne de te rendre,
Moi, je te permets le combat.

O doux transport ! quel feu rapide
Allume en moi ce doux larcin !
Ah ! souffre que mon œil avide
Dévore les lys de ton sein.
Non.... Cache-les, je t'en conjure,
Ou du moins feins de les cacher ;
J'aide à renouer ta ceinture,
Pour la pouvoir seul détacher.

REVENEZ-Y.

Air à faire.

QUAND l'amour commence d'éclore,
Et que le cœur n'est point encore

Par ses tendres soins adouci,
Le moindre baiser peut déplaire,
Et l'on vous dit, presque en colère :
(*D'un ton menaçant*) Revenez-y.

Amans, ne blâmons point l'usage ;
Bientôt on change de langage ;
Si le premier pas est franchi :
Plus de courroux, plus de contrainte ;
La plus modeste dit, sans feinte :
(*Air engageant*) Revenez-y.

Combien ce mot pénètre l'ame !
Si le cœur d'une jeune dame
Vous a nommé son doux ami,
Soyez près d'elle avant l'aurore ;
Le jour même,.... le soir encore
            Revenez-y.

<center>~~~~</center>

N'Y REVENEZ PAS.

Air *du petit Matelot.*

Du *Revenez-y*, mon amie,
On m'a fait chanter les appas ;
Pour chanter la palinodie,
On m'offre *n'y revenez pas.*
Peut-être, encor me fait-on grace :
Le juste prix, dans tous les cas,
D'un *revenez-y* plein de grace
Doit être : *N'y revenez pas.*

Entre ces deux mots, la différence,
Il faut pourtant en convenir,
N'est pas si grande que l'on pense,
Pour qui sait bien les définir :

Prenant *revenez-y* pour guide,
Et ne l'avouant que tout bas,
On dit que la beauté timide
Inventa : *N'y revenez pas.*

Belle que l'on *attend sous l'orme*
S'y rend, quelquefois, aujourd'hui;
N'y revenez pas est de forme,
Le vrai sens est *revenez-y* :
Tout subit sa métamorphose;
Certain refus, si plein d'appas
Du *revenez-y* se compose,
En portant *n'y revenez pas.*

Vivons pour boire, aimer et rire;
Longtemps j'ai combattu l'Amour;
En ce moment Momus m'inspire,
Et j'attends Bacchus à son tour.
Tout prêt à passer l'onde noire,
Suivant Caron à petits pas,
De grand cœur je veux bien l'en croire,
S'il me dit : *N'y revenez pas.*

Mais non; la terre est un passage
Où l'homme ne reste qu'un jour;
Gaité, plaisirs, trésors du sage,
Hâtez-vous d'orner ce séjour :
Pour ne pas jouir de la vie,
Le temps fuit trop vîte ici bas;
Part-on de cette hôtellerie ?
L'enseigne est : *N'y revenez pas.*

———

J'ignore si l'on a fait le Recueil des chansons de M. Prévôt d'Iray. Celles que je viens de rapporter sont bien capables de faire désirer les autres.

13

M. ARMAND GOUFFÉ.

MON GOUT.

AIR : *Trouverez-vous un parlement ?*
(de Molière à Lyon).

QUE l'on me trouve une beauté
Coquette, agaçante et légère,
Qui, mettant l'orgueil de côté,
Ne soit ni prude, ni sévère,
Qui, ne sachant rien refuser,
Rende caresse pour caresse,
Pour un baiser, rende un baiser ; . .
J'en fais, à l'instant, ma *maîtresse !*

Mais une Agnès, ne sachant rien,
Une Agnès pleine d'innocence,
Dont la rougeur, dont le maintien,
Prouvent la vertu, la décence ;
D'un air gauche et mal assuré,
Recevant l'aveu de ma flamme,
A ma honte, je l'avouerai,
Cette Agnès, . . . j'en ferai ma *femme.*

Pauline embellit sa candeur
Par un peu de coquetterie :
Toujours, à son air de pudeur,
Un air de gaité se marie ;
Son sourire invite à l'amour,
Ses yeux commandent la sagesse ;
Ce sera ma *femme*, le jour :
La nuit, ce sera ma *maîtresse.*

A DEUX DE JEU.

Air : *C'est ça, c'est ça.* (Chanson de Philippon.)
Ou : *Au coin du feu.*

Quand Piron , en goguettes ,
Rimait ses chansonnettes ,
　　Quel ton ! quel feu !
Avec un pareil maître
Heureux qui pourrait être
　　A deux de jeu !　　　(*ter.*)

　　Qu'Apollon , au Parnasse ,
Donne à chacun sa place ;
　　Ici , morbleu ,
Quand Bacchus nous rassemble ,
Soyons toujours ensemble
　　A deux de jeu !　　　(*ter.*)

On connaît sur la terre ,
　On adore , à Cythère ,
　　Un autre Dieu ,
Qui souvent, sur l'herbette ,
A mis sceptre et houlette ,
　　A deux de jeu !　　　(*ter.*)

Blaise pressait Annette ;
　La timide fillette
　　Résiste. . . . un peu.
　Bientôt elle s'appaise ;
　Puis elle est avec Blaise
　　A deux de jeu.　　　(*ter.*)

Dieux ! quelle est mon ivresse !
Rose, de sa tendresse ,

M'a fait l'aveu !
Damis vient, il me prouve
Qu'avec lui je me trouve
    A deux de jeu.   (*ter.*)

Il est donc vrai qu'en France
Le sexe à la constance
    A dit adieu !
Ainsi trompons les belles
Pour nous mettre avec elles
    A deux de jeu !   (*ter.*)

Passons gaiment la vie ;
Car le temps, je parie
    Mettra, dans peu,
Le joyeux Démocrite
Et le triste Héraclite
    A deux de jeu !   (*ter.*)

Que le vin, la tendresse,
Enivrent ma jeunesse ;
    Voilà mon vœu :
Et puisse la vieillesse,
Chez moi les voir sans cesse
    A deux de jeu !   (*ter.*)

Un jour, chers camarades,
Si tous les couplets fades
    Sont mis au feu,
Je serai, je l'espère,
Avec plus d'un confrère
    A deux de jeu !   (*ter.*)

LE ZÉPHIR.

Air *du pas de Zéphir* (dans Psyché.)

ZÉPHIR,
D'un soupir,
Viens fleurir,
Embellir
Nos gazons,
Vos vallons,
Nos côteaux,
Nos berceaux ;
  Sans toi,
Sous la loi
Des hyvers
L'univers
Va languir,
Va gémir,
Va périr.
L'herbette
Te guette,
L'abeille
S'éveille,
La rose
Dispose
Son sein
Au larcin.
  Aux flots
Des ruisseaux
Rends leurs bonds
Vagabonds ;
Rends aux fleurs
Leurs couleurs,
Aux amours
Les beaux jours.

  Zéphir,
D'un soupir
Viens fleurir,
Embellir
Nos gazons,
Nos vallons,

Nos coteaux,
Nos berceaux.
  Sans toi,
Sous la loi
Des hyvers
L'univers
Va gémir,
Va languir,
Va périr.
  Viens, et l'aurore
Va rendre à Flore
Tous ses attraits,
Aux forêts
Leurs secrets.
  Le chant
Si touchant
De l'oiseau,
Sous l'ormeau,
Va chasser,
Disperser
Les hiboux,
Les coucous.

  Zéphir !
D'un soupir
Viens fleurir,
Embellir
Nos gazons,
Nos vallons,
Nos côteaux,
Nos berceaux ;
  Sans toi,
Sous la loi
Des hivers
L'univers
Va gémir,
Va languir,
Va périr.

LE CORBILLARD.

CHANSONNETTE.

AIR : *Du pas redoublé.*

QUE j'aime à voir un *corbillard* ! ..
Ce début vous étonne !
Mais il faut partir, tôt ou tard,
Le sort ainsi l'ordonne;
Et loin de craindre l'avenir,
Moi, dans cette aventure,
Je n'apperçois que le plaisir
De partir en voiture.

En voiture, nos bons ayeux
Se plaisaient; mais du reste,
Chez eux, quand on fermait les yeux,
On était plus modeste;
Nous n'avons pas, vous le voyez,
Leur ton, ni leur allure,
Nous mettons les vivans à pieds,
Et les morts en voiture.

Le riche, en mourant, perd son bien,
Moi, je vois tout en rose,
Je n'ai rien, je ne perdrai rien,
C'est toujours quelque chose;
Je me dirai : « d'un parvenu
Je n'ai pas la tournure;
Pourtant, à pieds je suis venu,
Et je pars en voiture.

De ces riches qu'on trouve heureux
Quel est donc l'avantage ?

Ils font, par des valets nombreux,
   Suivre leur équipage :
Ce luxe ne m'est point permis,
   Ma richesse est plus sûre,
Un jour, on verra mes amis
   Derrière ma voiture.

A mon départ, en vérité,
   Je songe, sans murmure,
Pourvu que, long-temps, la gaîté
   Remise ma voiture !
O gaîté ! lorsque tu fuiras,
   Invoquant la nature,
Je dirai : « Fais, quand tu voudras,
   » Avancer ma voiture. »

L'AUTEUR TOMBÉ.

AIR : *Qui veut savoir l'histoire de Manon Giroux ?*

C'qui m'amuse dans un pestacle,
   C'n'est pas l'ezaccidens ;
Un soir j'entre, sans obstacle,
   Et j'dis : Me v'là d'dans ! »
J'fus ben heureux, sur mon ame,
   D'm'être un peu pressé :
On donnait z'un nouveau drame,
   J'fus l'premier placé.

Tout d'un coup v'là le mond' qui c'mmence
   A v'nir..... p'tit-à-p'tit ;
A m'sur' que la pièce avance,
   La salle s'garnit,

Et si l'drame avait pu faire
    Route jusqu'à la fin,
J'crois qu'on aurait vu l'parterre
    Pus d'amoquié plein !

L'acteur jur' qu'il est fidèle,
    J'm'en souviens t'encor ;
Sur c'mot là, moi, je m'rappelle
    Mon fidél' Castor :
« Qu'est dev'nu c'pauvre caniche ?
    » J'étais t'avec lui,
» En m'entendant lire l'affiche,
    » P't'êtr' qu'i s'est enfui. »

Je l'appelle à ma magnère,
    En chifflant trois coups ;
Autour de moi, dans l'parterre,
    V'là qui chifflont tous ;
Et d'appaiser c't'escandale,
    Y gni'eût point moyen :
Semblait qu'chacun, dans la salle,
    Z'eût perdu son chien.

L'auteur vient, m'saute à la gorge,
    Y m'pince l'chifflet ;
Moi, pus César qu'un Saint-George,
    J'li prête un soufflet :
Il a beau faire, y succombe ;
    V'là mon heumm' flambé,
Et v'là toute la salle qui tombe
    Sur *l'auteur tombé.*

Réflexion du Conteur.

On disait qu'c'était facile
    D'avoir des succès ;

Ç'a fait qu'j'ai fait un vaud'ville
   Pour cheux les Français.
Je me r'pens ben d'mon ardiesse.
   Pour Dieu! citoyens,
Quand vous viendrez voir ma pièce,
   N'perdez pas vos chiens.

Écrit sous la dictée de Claude Bachot.

~~~~~

C'EST MON HISTOIRE.

Air: *Comme j'aime mon Hypolite.*

Un enfant mince et fort petit,
Vit le jour, en soixante-seize;
Les gazettes n'en ont rien dit,
Mais sa famille en fut bien aise:
Ignorant son gout pour le vin,
On lui donna du lait à boire;
Du lait, vous douteriez en vain,
Moi, j'en suis sûr, *c'est mon histoire.*

Un vase me fut présenté;
J'ignorais comment on le nomme;
Par sa forme, je fus tenté,
Je le pris, vraiment, comme un homme:
Chaque belle que j'apperçois,
Le rend plus cher à ma mémoire...
N'allez-vous pas, tous à la fois,
Vous écrier: *c'est mon histoire?*

Lorsque je cessai d'être enfant
Un faible enfant devint mon maitre,
Sur ses pas, fier et triomphant,
A Cythère, on me vit paraitre,
~~~~~

Je soumis plus d'une beauté...
Qui donc me valut la victoire?
C'est ce qu'on ne m'a point conté...
Mais, à coup sûr, *c'est mon histoire.*

De loin, j'apperçois l'Achéron,
Le temps me talonne, il m'accable;
Et l'histoire du vieux Tyton
Me rappelle une triste *fable :*
Embrasé des feux de l'amour,
J'ai longtemps refusé d'y croire :
Mais je crains bien de dire, un jour,
Cette fable, *c'est mon histoire.*

Si l'amour fuit, que la gaîté,
Du moins, ne me soit pas ravie;
Lorsque j'aurai long-temps chanté,
Gaiment je finirai ma vie :
Peut-être, on me regrettera,
Quand je passerai l'onde noire...
Heureux, en mourant, qui pourra
Dire, avec moi, *c'est mon histoire.*

———

Je présume que, si M. Armand Gouffé
n'a pas donné son Recueil, il le donnera.
On est sûr d'y trouver une gaîté vraie,
franche, originale et soutenue.

M. BOURGUEIL.

SUR LES VOILES DES FEMMES.

Air : *La comédie est un miroir.*

Dans le paradis que j'ai vu,
Représenté sur une toile,
A mis, je me suis apperçu
Qu'Eve ne portait pas de voile.
La mode a dû bien varier
Pour nous amener cet usage,
Depuis la feuille du figuier,
Qui ne cachait pas le visage.   (*bis.*)

Je ne crois guère à l'âge d'or,
Pourtant je ne saurais le taire ;
Avec Ovide, j'ose encor
Vanter cette vieille chimère.
Alors, les grâces, la beauté,
Etaient sans voile, sans parure.
Si , du moins, le cœur fût resté
Comme l'avait fait la nature.   (*bis.*)

Déchirons les voiles divers
Inventés par la jalousie ;
Mais souffrons les voiles plus clairs,
Que l'art prête à la modestie.
Femme, que couvrent ces réseaux
Me peint la bergère ingénue,
Qui , fuyant parmi les roseaux,
En se cachant, veut être vue.   (*bis.*)

Le Zéphir dérange, par fois,
Le voile de nymphe jolie :
Un noir satyre, au fond des bois,
L'arrache de sa main hardie.
Tu seras plus heureux, un jour,
Jeune berger, que la nymphe aime;
Tu verras que, devant l'amour,
Tout voile tombe de lui-même.

LA ROSE DE LISE.

Air : *Des simples jeux de son enfance.*

Loin du hameau, la jeune Lise
Gardait ses moutons un matin;
Sous un orme elle était assise;
Une rose était sur son sein :
Deux fois j'entendis Lise dire :
« Cette rose fait mon bonheur;
» Oh ! je sens que, pour un empire,
» On n'obtiendrait pas cette fleur. »

Auprès de Lise, sur l'herbette,
Bientôt après, je vis Colin;
Il parlait bas à la fillette;
Son air était tendre et malin :
J'ignore ce qu'il pouvait dire,
Et comment s'y prit le flatteur;
Mais Colin n'avait pas d'empire,
Et pourtant Colin eut la fleur.

Les grandeurs sont une chimère,
Dont l'amour se rit, et je crois
Que maint berger, sur la fougère,
En plaisirs, passe tous les rois.

Savoir aimer, et bien le dire,
Voilà de quoi toucher un cœur ;
On peut posséder un empire,
Et ne jamais cueillir de fleur.

Mais, qu'est-ce qu'un plaisir rapide,
Qui fuit aussi prompt que les vents,
Près d'un bonheur pur et solide
Que l'on goûte, à tous les instans ?
Oui ; comme moi, vous allez dire
Que celle-là dont notre cœur,
A chaque instant, bénit l'empire,
Est, pour nous, toujours une fleur.

PETIT A PETIT.

AIR : *Nous nous marierons dimanche.*

PETIT à petit
L'oiseau fait son nid ;
Petit à petit
Il vole.
Petit à petit
La prudence agit,
Et, sans bruit, remplit
Son rôle.
Souvent maint regret, maint dépit
Désole ;
Mais le temps petit à petit
Console.
L'amour, qui nous rit,
Dès qu'hymen le suit,
Petit à petit
S'envole.

Petit à petit
Damon s'enrichit,
Il plante, il bâtit,
Il sème.
Petit à petit
Lycidas écrit ;
Puis il s'applaudit
Lui-même.
On devient petit à petit
Extrême ;
On devient petit à petit
Suprême ;
Petit à petit
Ici l'on construit ;
Ailleurs, on détruit
De même.

Petit à petit
Un enfant grandit ;
Un vieillard blanchit
Et gronde.
Petit à petit
La brune fléchit
Et l'on attendrit
La blonde.
Tout se fait petit à petit
Au monde :
Tout s'en va petit à petit
Du monde ;
Et même on m'a dit
Que jadis Dieu fit
Petit à petit
Le monde.

M. DUPATY (ÉMANUEL.).

LES ARBRES.

Air *du chapitre second.*

L'Amour, aux regards indiscrets,
Voulant dérober sa maitresse,
La conduisit dans les bosquets,
Doux refuges de la tendresse;
L'Amour, alors, pour être heureux,
Suivait un aimable système!...
En la cachant à tous les yeux,
L'on voit bien mieux celle qu'on aime.

Sous l'ombre d'un pommier, l'Amour
D'abord se livre à son ivresse;
Mais bientôt il part, sans retour,
Et dit à sa belle maitresse:
« De fruits, aux brillantes couleurs,
» Tu vois sa tige couronnée....
» L'Amour ne cherche que les fleurs,
» Laissons les fruits à l'hyménée. »

Il va, sous un rosier fleuri,
Goûter une volupté pure;
Mais bientôt le rosier joli
Perd ses fleurs, même sa verdure:
Soudain, le jeune dieu partit:
— La morale ici se devine;....
— Loin d'un rosier l'Amour s'enfuit,
Dès qu'il apperçoit une épine.

Sous un chêne aux vertes couleurs,
L'Amour fait voir à son amie
Toujours des feuilles, point de fleurs;
Mais l'uniformité l'ennuie.
— L'Amour, loin du chêne oublié,
Cherche un ombrage qui varie.
— Il cède à l'heureuse amitié
La constante monotonie.

L'Amour voit un myrthe. — Comment
Se cacher deux sous son feuillage?
Plus l'arbre est petit, plus l'amant
Croit y voir un doux avantage;
— Pour éviter l'œil importun,
Se serrer plus près, devient sage;
— Et deux amans qui ne font qu'un
N'ont pas besoin d'un grand ombrage.

Il vient, sous ce myrthe charmant!
Les feuilles cachent sa bergère;
Les fleurs lui servent d'ornement;
Quel arbre pourrait mieux lui plaire?
Celui qui peut en même temps,
Parer, cacher une maitresse,
Choisi par le dieu des amans,
Est bien celui de la tendresse.

RIEN N'EST SI DOUX.

Air *du Chapitre second.*

Rien n'est si doux ! ce mot charmant
Annonce une ame satisfaite;
Et du moins en le prononçant,
La joie est un instant complette:

Lorsque quelque chose nous plaît,
D'après un éternel usage :
Rien n'est si doux ! rien, si ce n'est....
Ce qui plaît encor davantage.

J'ai vu de loin la jeune Eglé,
Quelle est belle! quelle est jolie !
Mon cœur à l'instant s'est troublé,
La voir est toute mon envie :
Quand, de loin même, ses attraits
Viennent s'offrir à mon hommage,
Rien n'est si doux !.... la voir de près
Me plairait pourtant davantage.

De près j'ai vu la jeune Eglé,
Quel doux regard ! quelle ame pure !
Son cœur qui, tout bas, a parlé,
De sa tendre amitié m'assure :
Pour jamais, son cœur est lié ;
Le plus doux sentiment l'engage ;
Rien n'est si doux que l'amitié !
Mais l'amour me plairait davantage.

Sans défiance, sans détour,
Eglé qui consent à me plaire,
Veut bien aussi qu'un peu d'amour
De mon ardeur soit le salaire.
Rien n'est si doux ! dis-je à l'instant ;
Mais de son amour le *doux* gage,
Aussi *doux* que le sentiment,
Me plairait encor davantage.

Eglé, dont le cœur est si bon,
Eglé, qu'en soupirant je presse,
Oubliant un peu sa raison,
Livre sa main à ma tendresse.

Ah ! *rien n'est si doux* qu'une main ;
Elle me serre ! ô *doux* présage !
Mais, sur mon cœur sentir son sein,
Me plairait encor davantage.

Eglé s'abandonne en mes bras ;
Rien n'est si doux ! Ah ! quel délire !...
Son cœur palpite ! est-il, hélas !
Rien de plus doux, elle soupire !
Soumettre, presser, embrasser
L'aimable objet qui nous engage ;
Rien n'est si doux ! mais un baiser
Me plairait encor davantage.

J'ai le baiser ! transport divin !
J'ai donc tout ce que je désire !
J'ai l'amitié, l'amour, la main,
Ce beau sein qui pour moi soupire !
Ce baiser m'enivre surtout :
Rien n'est si doux que mon partage ;
J'ai presque tout ;... mais avoir tout
Me plairait encor davantage.

Enfin, j'ai su tout obtenir
De l'être charmant que j'adore !
Rien n'est si doux ! mais un désir,
Au fond de l'ame, reste encore :
Un problême ici se résout ;
Parmi les hommes c'est l'usage :
Rien de si doux que d'avoir tout,
Mais l'on veut toujours davantage.

M. MAURICE SÉGUIER.

LE PHÉNIX.

Air du petit Matelot.

ÊTRE tout seul de son espèce,
C'est un sort assez glorieux ;
Mais ce sort, malgré sa noblesse,
Doit être aussi fort ennuyeux :
De mon destin fussé-je arbitre,
Pour moi, j'en jure par le Stix,
Je ne voudrais pas, à ce titre,
De ce monde être le *Phénix*.

Ce Phénix est un oiseau rare,
Qui se propage à lui tout seul ;
Il fut, par un destin bisarre,
Son propre père, et son aïeul.
Quand il veut avoir de sa race,
Au bois il fait un abattis ;
Sur un bûcher l'oiseau se place,
Il se brûle, et devient son fils.

Comme rarement il voyage,
Il est connu de peu de gens ;
Si l'on attendait son passage,
On attendrait, je crois, longtemps.
Cependant la vieille chronique
Prétend qu'un jour il a paru ;
Mais ce jour fut un jour unique ;
Depuis on ne l'a plus revu.

Quand le monde apprit sa visite,
Étonné de la nouveauté,
De partout il accourut vite,
Pour considérer sa beauté :
Tout ce qui parle, ou crie, ou jase,
A l'aspect d'un si bel oiseau,
Répéta, dans sa vive extase :
« Comme il est beau! comme il est beau! »

Le paon jalouse son plumage,
L'aigle, son air de majesté ;
Le serin son joli corsage ;
Le cabri, sa vivacité ;
Le cigne, sa voix angélique ;
La femme, son bec si vermeil ;
L'homme, sa hupe magnifique ;
Chacun dit qu'il est sans pareil.

La seule colombe fidèle,
Sur lui, jette un œil de pitié :
Que son sort est affreux, dit-elle !
Hélas! peut-il être envié ?
Par les Dieux, un jour en colère
Le pauvre *Phénix* fut formé ;
Ce malheureux, seul sur la terre,
N'aime pas, et n'est pas aimé.

〰〰〰〰〰〰〰〰〰〰〰〰〰〰〰

M. GOULARD (1).

—

VOILA L'PLAISIR.

Air : *Du haut en bas.*

Voila l'plaisir !
Rapide éclair, songe volage ;

(1) Voyez ses *Conseils à son jeune ami.*

Voilà l'plaisir !
Qu'envain souvent l'on veut saisir !
Objet des vœux du fou, du sage,
Qu'on cherche en tous lieux, à tout âge,
        Voilà l'plaisir !

        Voilà l'plaisir !
Dit Mondor, près de sa cassette ;
        Voilà l'plaisir !
Amasser est son seul désir.
Son héritier dépense, achète,
C'est en prodiguant qu'il répète :
        Voilà l'plaisir !

        Voilà l'plaisir !
Nous dit l'inconstante Julie ;
        Voilà l'plaisir !
Tromper un amant, c'est jouir :
Enfin, la coquette est punie,
Où l'abandonne, elle est trahie ;
        Voilà l'plaisir !

        Voilà l'plaisir !
Dit un intriguant plein d'audace ;
        Voilà l'plaisir !
C'est de prendre et de parvenir :
Pour lui, le sort change de face,
L'intriguant revient à sa place ;
        Voilà l'plaisir !

        Voilà l'plaisir !
Dit un petit-maître à Lisette ;
        Voilà l'plaisir !
C'est un papillon, c'est zéphir :
Mais le bon Lucas à Jeannette,
Bien mieux, et plus souvent répète :
        Voilà l'plaisir !

Voilà l'plaisir !
Jouir du bien qui se présente ;
Voilà l'plaisir !
Ne pas trop prévoir l'avenir ;
Aider la famille indigente ,
Et cacher la main bienfaisante ,
Voilà l'plaisir !

Voilà l'plaisir !
Le travail , les arts , l'industrie ;
Voilà l'plaisir !
Avoir toujours nouveau désir ,
Bon vin et table bien servie ,
Bon amis , surtout bonne amie ,
Voilà l'plaisir !

~~~~

CHANSON BACCHIQUE

CHANTÉE AU RETOUR D'UN VOYAGE.

Air : *Vive le vin , vive l'amour.*

Amis, chanter , boire avec vous ,
Est un plaisir plus vrai , plus doux ,
Que suivre une humeur vagabonde :
A courir la machine ronde
Pourquoi prendre tant de souci ,
Quand nous pouvons nous enivrer ici ,
Et voir gaîment tourner le monde ?

J'ai vu les rivages du Rhin ,
L'habitant froid comme son vin ,
Chasse, en buvant, son humeur noire :
Des Pannards , il aurait la gloire ,
~~~~

On prendrait de lui des leçons,
S'il savait faire aussi bien des chansons,
Que, dans tous les temps, il sut boire.

(*Deux couplets sur les Maris et les Joueurs.*)

Le vin, nous dit-on, peut bannir
De notre esprit tout souvenir;
Amis; raison de plus pour boire!
Le vin seul, vous pouvez m'en croire,
Du sort fait oublier les coups.
De tant d'objets, il est heureux et doux
De perdre aujourd'hui la mémoire!

Quand Noé sauva les humains,
Ils étaient trompeurs et malins;
Race à la nôtre un peu pareille;
On eut oublié la merveille,
Par laquelle il brava les eaux,
S'il n'eût trouvé pour reméde à nos maux,
Le jus consolant de la treille.

Mais, je dois finir ma chanson:
Le Champagne, dans sa prison,
Impatient, nous ferait croire,
Que d'un buveur il sent la gloire,
Qu'il reconnaît qu'il vous est dû,
Et que lui-même est pressé d'être bu,
Comme vous l'êtes de le boire.

M. DEMAUTORT (1).

CANTIQUE D'ACTÉON (*).

A i r *des Pendus.*

Or, messieurs, soyez tous émus;
Car du petit-fils de *Cadmus*
Je vais rappeller la disgrace :
Ce chasseur voulut, à la chasse,
Comme un chasseur des plus adroits,
Courir deux lièvres à la fois.

(*) *Explication de la fable de Diane et d'Ac-*
téon, par M.ᵐᵉ DE VILLEDIEU.

Au temps jadis, qu'on vit dieux et déesses
Se profaner aux œuvres des mortels,
Et maintes fois partager les faiblesses
De ceux qui, follement, leur dressaient des autels,
Certain chasseur, doué d'une trop bonne vue,
Fut d'un beau fils fait animal cornu,
Pour avoir vu Diane toute nue,
Puis dévorés par sa meute déçue.
A tout lecteur l'histoire en est connue;
Mais le sujet n'en fut pas lors connu.

(1) On sait quelle gaîté brille dans ses chansons
grivoises.

A ses chiens il dit : « Mes amis,
» Aux bons avis soyez soumis :
» Aimés de tous tant que nous sommes,
» Fraternisez avec les hommes :
» Périsse tout chien qui me sert,
» S'il prend un homme pour un cerf ! »

Dans toute fable et dans toute chronique,
A la seule pudeur on donne ce trépas,
Et trop vrai est que pudeur tyrannique
Pourrait causer encor plus piteux cas.
Mais le moyen que de cette injustice
On soupçonnât dame du sang des dieux !
Est-ce forfait, digne d'un tel supplice,
Que de passer chemin et d'avoir de bons yeux ?
Non, non, des immortels tâchons à juger mieux ;
La belle était de trop tendre lignage
Pour renfermer si barbare courage.
Mais le chasseur, encore adolescent,
Sut de l'occasion faire si peu d'usage ;
Que Diane, prudente et sage,
Crut devoir cet exemple à tout homme innocent.

Quoi ! voir au bain si charmante déesse,
Qui d'un humain regard sans doute l'accueillit,
Une gorge, des bras..... enfin, de la jeunesse,
(Jamais déesse ne vieillit,)
Et de tenter le sort ne montrer nulle envie !
A la voir seulement une heure s'amuser !
Et de quoi servirait la vie
A qui sait si mal en user ?
Quand, après si grande sottise,
La réflexion fut permise
A u ctre in trop discret,

Cela dit, il suit un ruisseau,
Et surprend des nymphes dans l'eau :
Voyant *Diane* au milieu d'elles,
Il lorgne au bain toutes ces belles ;
Et ce que lui réfléchit l'eau,
Ajoute au charme du tableau.

Au chasseur, d'un air interdit,
En rougissant Diane dit :
« Un homme ici ! Dieu ! quel contraste !
« Me reluquer ! moi qui suis chaste ! »
— « Vous chaste, lui dit le vaurien :
» Madame, je n'en savais rien. »

A ces mots notre jouvenceau
Est couvert d'un déluge d'eau :
En cerf, Diane vous le change :
C'est ainsi que femme se venge.
Or, faisant un cerf d'un garçon,
Il en coûtait moins de façon.

Par des procédés inhumains,
En pieds, on lui change les mains :

Remords dans son cœur s'élevèrent,
Tant qu'il en mourut de regret.

Depuis, en telle conjoncture,
On tâche à profiter de l'exemple au besoin ;
Et craignant d'Actéon la funeste aventure,
On pousse les choses plus loin.
Plus de timidité, plus de flamme honteuse ;
Tous vont droit à leur but, en gens bien entendus.
Que bénite à jamais soit la belle chasseuse,
Qui, se montrant aux sots si rigoureuse,
Fit voir quels supplices sont dus
Aux mauvais ménagers des doux momens perdus !

Mon chasseur a beau se débattre,
Au lieu de deux il en a quatre :
Si bien, comme on peut le penser,
Qu'il ne sait sur quels pieds danser.

Diane, suivant ses transports,
Ainsi lui change tout le corps :
Cette métamorphose faite,
D'un bois il faut orner sa tête,
Et pour cette opération,
On fut trouver *Endymion.*

Dès qu'il voit ses chiens approcher,
Le nouveau cerf veut se cacher :
Eux, déjà, sans le reconnaître,
Voudraient se partager leur maître.
Il crie, il pleure, tour à tour ;
Mais *on passe à l'ordre du jour.*

Toute sa meute, enfin, accourt ;
Il veut parler, il reste court ;
Sur le sable il voudrait écrire,
Pas un de ses chiens ne sait lire :
On le condamne, il est mangé ;
L'honneur de Diane est vengé.

Les uns ont péri par les mains
De serviteurs bien inhumains !
Et d'autres, par des mains plus chères ;
Actéon, que l'on ne plaint guères,
Périt par celles de ses chiens :
On n'est trahi que par les siens.

Si, pour surprendre fille au bain,
D'un bois, on est orné soudain,
Pauvres maris, par cette histoire,
On serait bien tenté de croire
Que vous avez voulu lorgner
Les filles qui vont se baigner.

LA PEUR N'EMPÊCHE PAS LE DANGER.

AIR *de la soirée orageuse.*

Tout près d'arriver à Paris,
L'eau me jurant guerre éternelle,
Afin de l'éviter, je pris
Droit par la plaine de Grenelle :
Mais là, grace au sort inhumain
Qui me tourmente à sa manière,
Envain je cherche mon chemin ;
La plaine était dans la rivière.

Je passe outre ; et tout barbotant,
J'arrive et j'amène la pluie :
L'hiver, dans la rue, en trottant,
C'est là toujours ce qu'on essuie ;
Et l'homme à pied, s'il pleut à seaux,
Dans l'eau jusques aux jarretières,
Sait qu'ici les petits ruisseaux
Font souvent de grandes rivières.

Tout mouillé, tout transi de froid,
N'osant entrer aux Thuileries,
Je suivis le Louvre tout droit ;
Mais l'eau gagnait les galeries :
A l'éviter je m'attachais,
Lorsque, forçant toute barrière,
Pour me suivre, sous les guichets,
Je vis s'échapper la rivière.

Pour m'égayer par du nouveau,
Je courus à la comédie :
Là, je fondis encor en eau,
Car on jouait *Misanthropie !*

Moi, qui crains l'eau, j'ai dû partir
Aux sanglots de la salle entière ;
C'est que des pleurs de *Repentir*
On pourrait faire une rivière.

Sur un quai j'allai me loger,
Et choisis un rez-de-chaussée ;
Mais la nuit, pour tout ravager,
Le long du quai l'eau s'est glissée :
Au logis, petit à petit,
Elle entra, malgré la portière :
A peine étais-je dans mon lit,
Qu'on vint m'annoncer la rivière.

Tourmenté, poursuivi par l'eau,
De ce logis, pour disparaître,
Je me sauvai dans un bateau,
Qu'on fit entrer par la fenêtre :
« Ah ! ce n'était pas, ai-je dit,
» La peine que mon hôtellière
» Eût si bien bassiné mon lit,
» Pour me coucher dans la rivière. »

M. DIEULAFOY.

ORIGINE DU BILBOQUET.

Air : *Jardinier, ne vois-tu pas.*

L'amour m'en a fait l'aveu,
Je le dis à sa gloire :
C'est lui qui créa ce jeu,
Dont la fable sent un peu
L'histoire, l'histoire, l'histoire.

Vénus, un jour, s'ennuya,
La cause en était claire ;

Mars guerroyait loin de là ,
En son mari voulait la
Distraire, distraire , distraire.

Pour amuser son regret,
L'amour rêve en lui-même :
« Faisons , dit-il , un hochet,
» Qui lui rappelle un sujet
Qu'elle aime, qu'elle aime , qu'elle aime. »

Soudain , voyant près de là
Une pomme qui roule
(Pomme que Pâris donna)
Il la perce , et dit : voilà
Ma boule , ma boule , ma boule.

Quand il eût creusé , percé,
D'une flèche il retranche,
Ce fer qui m'a tant blessé ;
Il fait , du trait émoussé ,
Sa branche, sa branche , sa branche.

Un lien est important ,
Pour que le tout s'accorde ;
Zeste , son arc qu'il détend ,
Lui fournit, au même instant ,
La corde, la corde , la corde.

Il présente son bijou ,
Pour l'épreuve il insiste ;
O puissance du joujou!
Vénus est , du premier coup ,
Moins triste, moins triste , moins triste.

Deux , trois fois, pareil effet ;
Enfin , de passe en passe ,
Vénus sentit net qu'il n'est
Chagrin que le bilboquet
N'efface , n'efface , n'efface.

M. DESAUGIERS (1)

V'LA C'QUE C'EST QUE L'CARNAVAL.

CHANSON.

AIR : *V'là c'que c'est qu'd'aller au bois.*

Momus agite ses grelots,
Comus allume ses fourneaux,
Bacchus s'enivre sur sa tonne,
    Pallas déraisonne,
    Apollon détonne,
Trouble divin, bruit infernal,
V'là c'que c'est que l'carnaval.

Au lever du soleil on dort,
Au lever de la lune on sort;
L'époux, bien calme et bien fidéle,
    Laisse aller sa belle
    Où l'amour l'appelle.
L'un est au lit, l'autre est au bal;
V'là c'que c'est que l'carnaval.

Il faut rentrer quand le jour luit;
Le tendre époux s'éveille au bruit :
Il trouve sa femme défaite;
    Il a mal de tête,

(1) Ses SOUVENIRS NOCTURNES (dialogue entre M. et Mme DENIS) sont trop récens et trop connus pour avoir besoin d'être reproduits ici.

Et sa main s'arrête,
Sur une bosse à l'os frontal, . .
V'là c'que c'est que l'carnaval.

Un char pompeusement orné,
Présente à notre œil étonné,
Quinze poissardes, qu'avec peine
Une rosse traîne :
Jupiter les mène ;
Un cul-de-jatte est à cheval ;
V'là c'que c'est que l'carnaval.

Arlequin courtise Junon,
Colombine poursuit Pluton,
Mars, madame Angot qu'il embrasse,
Crispin une grâce ;
Vénus, un paillasse ;
Ciel, terre, enfers, tout est égal,
V'là c'que c'est que l'carnaval.

Mercure veut rosser Jeannot. . .
On crie à la garde aussitôt ;
Et chacun voit, de l'aventure,
Le pauvre Mercure
A la préfecture,
Couché. . . sur un procès-verbal ;
V'là c'que c'est que l'carnaval.

Profitant aussi des jours gras,
Le traiteur déguise ses plats,
Nous offre vinaigre en bouteille,
Ragoût de la veille,
Daube encor plus vieille :
Nous payons bien, nous soupons mal ;
V'là c'que c'est que l'carnaval.

Carosses pleins vont par milliers,
Regorgeant dans tous les quartiers,

Dedans, dessus, devant, derrière,
  Jusqu'à la portière;
  Quelle fourmillière !..
Des fous on croit voir l'hôpital;
V'là c'que c'est que l'carnaval.

  Un bœuf à la mort condamné
Dans tout Paris est promené;
Fleurs et rubans parent sa tête;
  On chante, on le fête,
  Et la ronde faite,
On tue, on mange l'animal;
V'là c'que c'est que l'carnaval.

  Quand on a bien ri, bien couru,
Bien chanté, bien mangé, bien bu,
Mars, d'un fripier reprend l'enseigne,
  Pluton son empeigne,
  Jupiter son peigne;
Tout rentre en place; et bien ou mal,
V'là c'que c'est que l'carnaval.

M. JOSEPH PAIN.

LE MÉNAGE DE GARÇON.

CHANSON.

Air : *De M. Garaudé ;*

Ou : *J'ai vu par-tout dans mes voyages.*

Je loge au quatrième étage;
C'est là que finit l'escalier.
Je suis ma femme de ménage,
Mon domestique, et mon portier.

14..

De créanciers quand la cohorte
Au logis sonne à tour de bras,
C'est toujours, en ouvrant ma porte,
Moi qui dis que je n'y suis pas.

De tous mes meubles, l'inventaire
Tiendrait un carré de papier ;
Pourtant je reçois d'ordinaire
Des visites dans mon grenier.
Je mets les gens fort à leur aise :
A la porte un bavard maudit ;
Tous mes amis sur une chaise,
Et ma maîtresse sur mon lit.

Gourmands, vous voulez, j'imagine,
De moi pour faire certain cas,
Avoir l'état de ma cuisine ;
Sachez que je fais trois repas :
Le déjeûner m'est très-facile ;
De tous côtés je le reçoi ;
Je dine tous les jours en ville,
Et ne soupe jamais chez moi.

Je suis riche, et j'ai pour campagne,
Tous les environs de Paris ;
J'ai mille châteaux en Espagne ;
J'ai pour fermiers tous mes amis.
J'ai, pour faire le petit-maître,
Sur la place un cabriolet.
J'ai mon jardin sur ma fenêtre,
Et mes rentes dans mon gilet.

Je vois plus d'un millionnaire
Sur moi s'égayer aujourd'hui ;
Dans ma richesse imaginaire
Je suis aussi riche que lui.

Je ne vis qu'au jour la journée ;
Lui, vante ses deniers comptans,
Et puis à la fin de l'année
Nous arrivons en même temps.

Un grand homme a dit dans son livre
Que tout est bien ; il m'en souvient.
Tranquillement laissons-nous vivre,
Et prenons le temps comme il vient.
Si, pour recréer ce bas-monde,
Dieu nous consultait aujourd'hui,
Convenons-en tous à la ronde,
Nous ne ferions pas mieux que lui.

M. FRANCIS.

LA PARESSE.

CHANSON.

Air : *De la catacoua.*

Chantez le vin, chantez les belles,
Joyeux buveurs, heureux amans ;
Enfans chéris des neuf pucelles,
Faites-nous des couplets charmans ;
Je partagerai votre ivresse,
Et je bannirai tout chagrin ;
  Mais que soudain,
  Le verre en main,
  Chacun en train
Répète mon refrain :
Le bonheur est dans la paresse ;
Les gens qui ne font rien
  Font bien.

Nargue du conquérant de l'Inde , (1)
De l'aimable enfant de Cypris;
Sur la scène un acteur se guinde
Pour y remporter quelque prix ;
Mais souvent on siffle la pièce ,
Avant d'en entendre la fin.
          Le lendemain,
          L'ouvrage en main,
          L'auteur chagrin
Répète ce refrain:
Le bonheur est dans la paresse;
Les gens qui ne font rien
          Font bien.

Pour acquérir de l'opulence,
Un avare court l'univers :
Tranquille, au sein de l'indolence ,
Je ris tout bas de ses travers.
Avant d'avoir de la richesse,
De ses jours il verra la fin.
          Le lendemain
          Le verre en main,
          Chaque cousin
Chantera mon refrain :
Le bonheur est dans la paresse,
Les gens qui ne font rien
          Font bien.

Jeunes guerriers, cueillez la palme,
Fuyez les douceurs du repos :
Ami du plaisir et du calme,
Aux roses j'unis les pavots.
Qu'un jour un plomb cruel vous blesse,
Vous direz, en sortant des rangs :

____

(1) Bacchus.

> Fiers conquérans,
> Soyez moins grands,
> Tuons le temps,
> Nons vivrons plus contens;
> Le bonheur est dans la paresse;
> Les gens qui ne font rien
> Font bien.

> Chers amis, quand le temps déroule
> Le tissu des derniers beaux jours;
> Lorsque sans courage l'on foule
> L'heureuse couche des amours,
> Que les charmes de la mollesse
> Un moment nous bercent encor;
> Du monde on sort
> Content du sort,
> Et sans remord,
> Sans effort
> On s'endort,
> Le bonheur est dans la paresse
> Les gens qui ne font rien
> Font bien.

~~~~~

PAR M. FRANCIS

EN SOCIÉTÉ AVEC M. MOREAU.

Couplets chantés par Adam Billaut; dans les *Chevilles de Maître Adam.*

Air : *Frère Jean à la cuisine ;*

Ou : *Du Vaudeville de Jean Monnet.*

> Contemplons le temps qui passe,
> Et regardons après lui :
~~~~~

Il ne laisse sur sa trace
Que le néant et l'oubli.
        Des instans
          Du printemps
A jouir qu'on s'évertue ;
Et de peur qu'il ne nous tue,
Mes amis, tuons le temps.   (*bis.*)

        Du temps, la faulx meurtrière,
Qui plane de toutes parts,
Brisa la lyre d'Homère ,
Et le sceptre des Césars :
          Conquérans ,
            Et savans ,
Tôt ou tard , il vous moissonne ;
Il ne ménage personne ;
Ne ménageons pas le temps.   (*bis.*)

        Je me moque de la Parque ;
Et pour l'empire des morts,
Avec le temps je m'embarque,
Et le mène aux sombres bords.
          Je prétends
            Que, contens
D'un dévouement aussi rare,
Tous les diables du Tartare,
M'aident à passer le temps.   (*bis.*)

M. E. T. SIMON (de Troyes.)

LA JEUNE AGNÈS.

Air : *J'avais à peine dix-sept ans.*

Agnès croyait qu'avant vingt ans
    Son cœur devait se taire.
— J'en ai quinze, il n'est donc pas tems
    Que j'y pense, ma mère?
Le beau Lindor, à tout moment,
    Me jure qu'il m'adore;
Mais je lui réponds simplement :
    Je suis trop jeune (*bis*) encore.

    — Ma fille, d'un feu séducteur
    Préserve ton jeune âge;
Un amant est toujours trompeur,
    Indiscret ou volage;
Redoute et fuis son entretien.
    — Mais moi qui tout ignore,
Maman, je n'y comprendrai rien;
    Je suis trop jeune (*bis*) encore.

    Le lendemain le beau Lindor,
    Dessous sa collerette,
Apperçut un double trésor
    D'une beauté parfaite.
Dieux ! s'écria-t-il, que d'appas
    Nature a fait éclore !
Non, dit Agnès, ce n'en est pas;
    Je suis trop jeune (*bis*) encore.

— Quoi ! ton cœur, à mes tendres vœux
    Craint-il d'être propice?
(L'amour se peignait dans les yeux
    De la jeune novice)
Pourquoi, pourquoi cette rougeur
    Dont ton front se colore?
— Je n'en sais rien : c'est un malheur ;
    Je suis trop jeune (*bis*) encore.

Finis, si ma mère venait !
    Dit la simple bergère,
Au beau Lindor, qui l'entraînait
    Sous un bois solitaire.
— Viens, suis-moi, je te conduirai
    Dans les bosquets de Flore.....
— Hélas ! qu'est-ce que j'y ferai?
    Je suis trop jeune (*bis*) encore.

Lindor, sur un tapis de fleurs,
    Instruisait l'innocente.
Ah! dit-elle, que de douceurs
    Dont j'aitais ignorante !
Maman, si moins écouté
    Vos conseils que j'honore;
Pour deviner la vérité,
    Je suis trop jeune (*bis*) encore.

~~~~~

IL EST BIEN TEMPS!

A i r *de Guichard.*

On m'disait bien,
Monsieur Bastien,
De me méfier d'vot'caractère:
Je n'en crus rien:
~~~~~

Voyez combien
Ça fait d'honneur à vot'commère !
Faut-il ainsi donner du r'gret
Pour du plaisir qu'on vous a fait ?

Vous v'nez à bout
De m'fair' dir'tout
C'que vous voulez que j'vous réponde ;
Puis à mon cou,
Comme un vrai fou,
Vous vous jetez devant tout l'monde.
Faut-il ainsi donner du r'gret,
Pour du plaisir qu'on vous a fait ?

Je ne fais pas
Le moindre pas
Sans qu'vous soyez d'la compagnie,
Et si, par cas,
J'n'ai pas vot'bras,
Voilà d'abord que je m'ennuie.
Faut-il ainsi, etc.

Mais tout l'été,
J'ai trop resté
Seule avec vous sous les coudrettes ;
Et ma bonté
M'a plus coûté
Que ne m'ont valu vos noisettes.
Faut-il ainsi, etc.

Je vois qu'ça fait,
Mauvais effet ;
Et j'ai grand'peur que l'on en raille ;
Car il paraît
Que mon corset
Devient trop étroit pour ma taille.
Faut-il ainsi, etc.

Vous sentez bien
Qu' tout ça n'vient
Que de votre façon de faire,
Et qu'un chrétien,
Monsieur Bastien,
Doit mieux ménager sa commère.
Faut-il ainsi donner du r'gret,
Pour du plaisir qu'on vous a fait.

(*Voyez* nombre de chansons aussi jolies, dans son Recueil intitulé *l'Ami d'Anacréon.*

M. SEVRIN.

LE LENDEMAIN DES NOCES.

CHANSON.

Air : *Le lendemain.*

Hier, de la folie
Disciples francs et joyeux,
Nous avons d'Emilie
Célébré l'hymen heureux.
Que la gaîté soit parfaite !
Encor un petit refrain :
Il n'est pas de bonne fête
Sans lendemain.

La pudeur sied à l'ame,
Elle ajoute à la beauté ;
Mais quand on devient femme,
On cède à la volupté.

La veille d'un mariage,
L'on est timide... l'on craint....
Mais on a plus de courage,
   Le lendemain.

Pour parer l'innocence
De ses plus beaux ornemens,
   L'amour, la confiance
On réunit leurs présens.
Qu'elle était belle Émilie
La veille de son hymen !
Elle est encor plus jolie
   Le lendemain.

Que dans votre ménage
Le bonheur brille à jamais !
   Surtout point de nuage :
Faites-y régner la paix.
D'aimer faisant votre gloire,
Après cinquante ans d'hymen,
Puissiez-vous encor vous croire
   Au lendemain !

◄◄◄◄

PAR M. SEVRIN

EN SOCIÉTÉ AVEC M. LEFRANC.

Couplets chantés par LAINEZ, dans les
Poètes sans soucis, vaudeville.

AIR : *Enfans de la Provence.*

ENFANS de la folie,
Avec gaîté toujours,
Du fleuve de la vie
Il faut suivre le cours.

Oui, sans soucis et sans tourment,
Il faut le descendre gaîment,
Oui gaîment,
Toujours gaîment,
Il faut le descendre gaîment.   (*bis.*)

Survient-il quelque gêne,
Quelqu'embarras ou peine,
Tout s'oublie en buvant,
Danser, chanter, voilà, voilà mon talisman.
Par un gai, gai, gai, par un flon, flon,
Ou quelqu'autre refrain,
Par un gai, gai, gai, par un flon, flon,
Moi, je me mets en train;
La chanson, le bon vin,
Amis, dissipent le chagrin.

Enfans de la folie,
C'est ainsi que toujours,
Du fleuve de la vie
Je veux suivre le cours.
Oui, sans soucis et sans tourment,
Je veux le descendre gaîment,
Oui gaîment,
Toujours gaîment,
Je veux le descendre gaîment.   (*bis.*)

AUTRES (*du même Vaudeville.*)

AIR : *Vous avez surpris des regrets.*

Nous voyons, pendant trois saisons,
Briller la corbeille de Flore,
L'Hiver seul, privé de ses dons,
Envain les demande à l'Aurore.

Mais souvent, au reflet du feu,
Près la pudeur qui se colore,
L'Amour, cherchant un tendre aveu,
Trouve des fleurs à faire éclore. (*bis.*)

L'Amour aime ces douces fleurs,
Qui naissent au milieu des glaces;
Il vient respirer leurs odeurs,
Il retrouve toujours leurs traces.
A l'abri des frimats de l'air,
L'Amour n'a pas besoin de Flore;
Les baisers sont les fleurs d'hiver,
Que son souffle sait faire éclore. (*bis.*)

M. MOREAU.

ÇA FAIT TOUJOURS PLAISIR.

CHANSON.

AIR : *Ça fait toujours plaisir.*

C'EST envain qu'on critique
Ces airs francs et joyeux,
Que, dans l'ardeur bacchique,
Chantaient nos bons ayeux.
Pour une chansonnette
Heureux qui sait choisir
Une simple musette
Facile à retenir :
Ça fait (*bis.*) toujours plaisir.

Depuis peu Melpomène
A, par ses fiers accens,

Éloigné de la scène
Thalie et ses enfans.
Un ouvrage comique
Ne nous fait plus courir ;
Mais qu'un héros tragique
Finisse par mourir :
Çà fait (*bis.*) toujours plaisir.

On a sifflé les drames,
Et, pour nous en punir,
C'est par des mélodrames
Qu'on veut nous divertir ;
Et le fond et la forme
Savent nous assoupir ;
Mais, quoique l'on y dorme,
Chacun court.. y dormir :
Ça fait (*bis.*) toujours plaisir.

Du goût et du langage
Blessant toutes les lois,
Il est plus d'un ouvrage
Qu'on ne voit pas deux fois ;
Plus d'une œuvre éphémère
En naissant va mourir ;
Les pièces de Molière
Ne semblent pas vieillir :
Ça fait (*bis.*) toujours plaisir.

Un docteur qui se pique
De guérir les goutteux,
Aujourd'hui leur indique
Un spécifique heureux.
Il n'use pas de fraude ;
Qui peut nous retenir ?
Quand on boit de l'eau chaude,
Dût-on ne pas guérir,
Ça fait (*bis.*) toujours plaisir.

Cherchant à se distraire
Par de nouveaux objets,
Que de gens sur la terre
Ne se fixent jamais!
Mais sur ce globe immense,
Quoiqu'on aime à courir,
Aux lieux de sa naissance
Quand on peut revenir,
Ça fait (*bis.*) toujours plaisir.

Sur la fin de l'automne,
Un soldat ivre, un jour,
A la vieille Simonne,
Osa parler d'amour.
Sans plus tarder, le drille
Contenta son désir,
Et notre vieille fille
Dit avec un soupir!....
Ça fait (*bis.*) toujours plaisir.

M. OURRY.

LA TRAGÉDIE ET LA COMÉDIE.

CHANSON.

AIR: *C'est ce qui me console.*

LUCINDE, en perdant son époux,
Pleure, et du sort maudit les coups;
    Voilà la tragédie.
Trois jours après, elle a grand soin
De sangloter devant témoin;
    Voilà la comédie.

Dans certains drames, quelquefois,
Les bourgeois s'expriment en rois;
　　Voilà la tragédie.
On en voit d'autres où les rois
S'expriment comme des bourgeois;
　　Voilà la comédie.

Aux bois deux auteurs d'opéra
Vont pour savoir qui périra;
　　Voilà la tragédie.
Les rivaux prompts à pardonner,
S'embrassent et vont déjeûner,
　　Voilà la comédie.

En cédant aux vœux d'un amant,
Lise éprouve un cruel tourment;
　　Voilà la tragédie.
Damon l'épouse, et certain cri
Enchante le pauvre mari;
　　Voilà la comédie.

Pour un mélodrame bien noir,
Paris va s'étouffer ce soir;
　　Voilà la tragédie.
De *Molière* un œuvre charmant
N'aura personne, et cependant
　　Voilà la comédie.

Mondor manque, et, par contre coup
Vingt maisons manquent tout à coup;
　　Voilà la tragédie.
Mais, hélas! ces infortunés
Donnent toujours de bons dinés;
　　Voilà la comédie.

Au chevet du mourant *Orgon*
Sont trois médecins en renom;
　　Voilà la tragédie.

Verseuil, zélé collatéral,
Au pied du lit se trouve mal;
   Voilà la comédie.

Belles, autrefois vos amans
Sûrs de vos cœurs, mouraient constans;
   Voilà la tragédie.
De vos sermens, de nos amours,
On peut bien dire, de nos jours,
   Voilà la comédie.

M. FRÉDÉRIC BOURGUIGNON.

LA CHANSON.

A ir : *Mon père était pot.*

Ou : *Toujours de chanter avec nous.*
   (de Fanchon.)

Pour électriser à la fois
   Amant, guerrier, poète,
Et pour célébrer leurs exploits
  Naquit la chansonnette;
   Elle est, tour à tour,
   L'accent de l'amour,
  Le signal de la gloire,
   L'appel du désir,
   Le cri du plaisir,
  Le chant de la victoire.

Tout cède au pouvoir du refrain,
Le ciel, l'enfer, la terre,
Apollon désarme Jupin,
Orphée endort Cerbère;
Le chant au combat,
Anime un soldat,
Et près de sa maîtresse,
Gaiment
Un amant
Sait faire en chantant
Déchanter la sagesse.

Loin de nous l'amoureux transi
Qu'inspire la romance;
Il se venge par notre ennui
De sa triste souffrance.
Sot qu'on dût trahir,
Pourquoi nous punir
Du malheur qui t'accable?
Rimeur langoureux,
Sois moins amoureux,
Et deviens plus aimable.

Avant de m'entendre entonner
La romance fidelle,
Mes amis, vous verrez tourner
Mon vin ou ma cervelle;
Vous ne verrez plus
Que chastes vertus
Chez nos prudes rigides,
Que du vin amer,
Que des cœurs de fer,
Ou que des tonneaux vides.

Quand sur le berceau d'un enfant
Chante une bonne mère,

Quand un pauvre diable, en chantant
    Étourdit sa misère,
        Le penchant
        Du chant,
    Jamais du méchant
N'a calmé l'insomnie ;
        Avec nos accords,
    Le cri du remords
    N'est point en harmonie.

Caton, tu glaces mon esprit,
    Par tes rêves stoïques,
Le chansonnier me convertit
    Par ses sermons bacchiques :
        Jamais ta leçon
        Ne vaut la chanson
    Où sa joyeuse verve
        Nous fait voir Vénus,
        L'Amour et Bacchus,
    Assis près de Minerve.

Ainsi, quand le chansonnier fort
    De sa philosophie,
Nous apprend à braver la mort
    Sans mépriser la vie ;
        Son couplet
            Nous plaît ;
        A son doux banquet,
    Amis, il faut le suivre,
        Et nous bien nourrir ;
        Nous saurons mourir,
    Quand nous saurons bien vivre.

ANONYMES.

AVIS PRUDENT DONNÉ TROP TARD.

Air :

N'écoutez jamais un amant,
Me dit ma mère à tout moment ;
Le plus fidèle est un volage,
Qui cherche à donner de l'amour !
Sans jamais payer de retour.
Hélas ! maman, c'est bien dommage.

Hé quoi ! cet aimable berger
Qui vient sans cesse en ce verger,
Et me tient un si doux langage,
Est un perfide, un inconstant ;
A d'autres il en dit autant !
Hélas ! maman, c'est bien dommage.

Non ; puisqu'il m'a donné sa foi,
Que jamais à d'autre qu'à moi
Il n'avait voulu rendre hommage ;
Et que je possède son cœur,
Il ne peut pas être un trompeur :
S'il l'est, maman, c'est bien dommage.

Il ne saurait être inconstant;
Il est si beau! je l'aime tant!
On ne saurait feindre à son âge.
S'il me fallait vivre sans lui ,
Ah! j'en mourrais bientôt d'ennui:
Mourir si jeune, ah! quel dommage!

Hier encor, dans ses transports ,
Il faisait de nouveaux efforts,
Pour obtenir de moi le gage ,
Qu'il dit qu'on doit à son amant.
Je l'ai cru , j'ai cédé : maman ,
S'il m'a trompée, ah! quel dommage!

<center>~~~~</center>

L'IGNORANTE INSTRUITE.

Air : *Comme v'là qu'est fait.*

Maman dit que l'amour est traître ,
Qu'il tourmente comme un lutin ;
Je voudrais pourtant le connaître ,
Dit un jour, Agnès à Colin :
Mon désir est inexprimable ;
Veux-tu bien me le montrer ? — Oui :
Instruire un objet aimable ,
Qui, comme vous, est accompli ,
    Ah , qu'c'est joli !
    Ah , qu'c'est joli!

Satisfais mon impatience ,
Et mets-moi donc bien vite au fait.
Oui ; mais, dit-il , pour plus d'aisance ,
Passons dans le prochain bosquet.

Colin l'embrasse et la caresse,
La bergère l'embrasse aussi.
Le désir de savoir la presse ;
Poursuis, dit-elle, mon ami :
      Ah ! qu'c'est joli !   (*bis.*)

Un soupir d'Agnès fait éclore
Les grâces du plus joli sein :
Le berger des yeux le dévore,
Il y porte une heureuse main.
Agnès, de cet apprentissage ;
De plaisir sent son cœur ravi...
Être ignorante, ah ! quel dommage !
Car si tout, dit-elle, est ainsi,
      Ah ! qu'c'est joli !   (*bis.*)

Colin, plus loin poussa la chance ;
L'amour lui prêta son flambeau,
Et mit, pour aider sa science,
Sur les yeux d'Agnès son bandeau.
Tout sentiment, par la tendresse,
Devient en elle anéanti.
Mais revenant de son ivresse,
Elle dit, eu faisant un cri,
      Ah ! qu'c'est joli !   (*bis.*)

Petit à petit l'ignorante
S'instruit au gré de ses désirs.
Fille aisément devient savante
Dans la carrière des plaisirs.
La nuit vint, triste circonstance !
Ah ! demain, reviens donc ici :
Colin, que j'aime ta science !
Sans elle on ne vit qu'à demi.
      Ah ! qu'c'est joli !   (*bis.*)

En rêvant à son aventure,
Agnès regagne le hameau.
Tout, à son cœur dans la nature,
Paraît différent et nouveau.
Ah ! Dieux, que j'étais innocente,
D'avoir cru maman jusqu'ici !
Amour, c'est toi seul qui m'enchante !
Quand, par tes feux l'on est uni,
     Ah ! qu'c'est joli !
     Ah ! qu'c'est joli !

LA SEMAINE DU PAYSAN.

Air :

Accourez l'aventure
D'un pauvre villageois :
Moi, qui de ma nature
Suis honnête et courtois,
Un biau jour je promis
A ma chère Claudeine,
De la servir gratis
Le long d'une semaine.

Le lundi, pour lui plaire,
Je pris la bêche en main ;
La matinée entière,
Je béchis son jardin :
Puis fus tout droitement
M'asseoir au pied d'un chêne,
Où d'un baiser charmant
Alle m'payit ma peine.

Mardi, j'eus l'ordonnance
De garder son troupiau.
Alle eut la complaisance
De venir sous l'ormiau :
Là, me sentant presser
D'une ardeur sans pareille,
Je lui rends le baiser
Qu'alle m'donnit la veille.

Le mercredi d'ensuite,
Au bois alle m'menit ;
Ma tâche y fut réduite
A lui charcher un nid :
V'là, lui dis-je, un moineau
D'un très-rare plumage ;
Si vous le trouvez biau,
Boutez-le vite en cage.

Jeudi, je nous joignimes
Drès le soleil levé,
A la grange j'allimes
Pour y battre le blé ;
J'y vaquions tour à tour
Avec le même zèle,
Stapendant au retour
J'étions bien plus las qu'elle.

Vendredi, la futée,
Me présentant le bec,
Me dit, toute attristée :
Mon moulin est à sec.
A ce travail nouviau
Il fallut me résoudre ;
J'y fis venir tant d'iau,
Qu'il fut aisé d'y moudre.

Samedi, queul ouvrage !
Du matin jusqu'au soir
J'allis d'un grand courage,
Fouler à son pressoir.
Quoique ce mouvement
Me mit presqu'hors d'haleine,
Je foulis tant et tant,
Que la cuve en fut pleine.

Dimanche, la bargère
Me dit : mon doux ami,
N'avons-nous rien à faire ?
Nanni pour aujourd'hui :
Six jours sans relâcher
J'ai sarvi ce que j'aime ;
Je veux me reposer
Tout au moins le septième.

~~~~~

LE CHARME DES BOIS.

Air : *Du Serin qui te fait envie.*

Que j'aime ces bois solitaires !
Aux bois se plaisent les amans ;
Les nymphes y sont moins sévères,
Et les bergers plus éloquens :
Les gazons, l'ombre et le silence
Inspirent les tendres aveux ;
L'Amour est aux bois sans défense ;
C'est au bois qu'il fait des heureux.

Venez au bois, beautés volages,
Ici les amours sont discrets ;
Vos sœurs visitent leurs ombrages ;
Les Grâces aiment les forêts.
~~~~~

Que ne puis-je, aimable Glycère,
M'y perdre avec vous quelquefois!
Avec la beauté qu'on préfère,
Il est si doux d'aller aux bois!

Un jour j'y rencontrai Thémire,
Belle comme un printems heureux;
Ou son amant ou le zéphire
Avait dénoué ses cheveux.
Je ne sais point quel doux mystère
Ce galant désordre annonçait;
Mais Lycas suivait la bergère,
Et la bergère rougissait.

FIN.

TABLE

ALPHABÉTIQUE:

Piïs. *Pag.* 243

Piron. 118

Prévôt-d'Irai. 285

Quartier. (J.) 204

Quinault. 69

Racan. 32

Racine fils. 87

Radet. 256

Regnard. 100

Fin de la Table.